Königs Erläuterungen und I
Band 186

Erläuterungen zu

Bertolt Brecht

Der gute Mensch von Sezuan

von Horst Grobe

Über den Autor dieser Erläuterung:

Horst Grobe, Jahrgang 1944, Studium der deutschen und englischen Philologie, der Philosophie und der allgemeinen Sprachwissenschaften (Bonn 1963-69), Fremdsprachenassistent in Großbritannien (1966/67), Referendariat (Aachen 1970/71), Tätigkeit im gymnasialen Schuldienst in Nordrhein-Westfalen in verschiedenen Funktionen seit 1969, Dr. phil. (Bochum 1993)

> **Hinweis:**
> Die Rechtschreibung wurde der amtlichen Neuregelung angepasst.
> Zitate von Brecht müssen auf Grund eines Einspruches in der alten Rechtschreibung beibehalten werden.

3. Auflage 2005
ISBN 3-8044-1704-3
© 2002 by C. Bange Verlag, 96142 Hollfeld
Alle Rechte vorbehalten!
Titelabbildung: Bertolt Brecht
Druck und Weiterverarbeitung: Tiskárna Akcent, Vimperk

	Vorwort	5
1.	**Bertolt Brecht: Leben und Werk**	7
1.1	Biografie	7
1.2	Zeitgeschichtlicher Hintergrund	10
1.3	Angaben und Erläuterungen zu wesentlichen Werken	13
2.	**Textanalyse und -interpretation**	20
2.1	Entstehung und Quellen	20
2.2	Inhaltsangabe	24
2.3	Aufbau	36
2.4	Personenkonstellation und Charakteristiken	48
2.5	Sachliche und sprachliche Erläuterungen	74
2.6	Stil und Sprache	78
2.7	Interpretationsansätze	86
3.	**Themen und Aufgaben**	95
4.	**Rezeptionsgeschichte**	99
4.1	Aufführungen	99
4.2	Literaturwissenschaft	101
5.	**Materialien**	103
5.1	Zur Parabel	103
5.2	Zur Theorie des epischen Theaters	108
5.3	Zur Theodizee	112
5.4	Zum Status des Stücks	114
	Literatur	116

Vorwort

Die Entstehungsgeschichte von Brechts Stück *Der gute Mensch von Sezuan* reicht bis in die zwanziger Jahre zurück. Es entstand im Wesentlichen im Exil in den Jahren 1939–1941 und gestaltet den Gegensatz von Markt und Menschlichkeit.
Mit bürgerlichem Bildungswissen ausgestattet, das ihm von seinem Elternhaus und Bildungsgang her vertraut war, und in der marxistischen Analyse von gesellschaftlichen Fragen geschult, verarbeitete er in Parabelform die Erfahrungen der wirtschaftlichen Not in der Weimarer Republik und das Aufkommen des Nationalsozialismus. Die Frage der Theodizee nach der Herkunft und Rechtfertigung des Bösen wird erneut gestellt. Sie wird, von der Tagesaktualität abstrahiert, auf das Wirtschaftliche verkürzt und überraschend beantwortet. Im offenen Ende wird dem Zuschauer die Antwort „zugespielt", der nach dem Gang des Stücks nur zu der Einsicht gelangen kann, dass eine andere Wirtschafts- und Gesellschaftsform notwendig ist. Mit Hilfe einer theoriegestützten und reflektierten Schreib- und Aufführungspraxis wird die politische und theatralische Wirkungsabsicht eindrucksvoll realisiert.
Das Stück wurde 1943 in Zürich uraufgeführt. Es ist das am häufigsten gespielte Stück von Bertolt Brecht. Als Lektüre hat es seit vielen Jahren seinen festen Platz im Deutschunterricht. Seine Rezeption war durch den Ost-West-Gegensatz maßgeblich bestimmt. Die Frage, unter welchen Bedingungen ein Mensch zugleich zu sich selbst und anderen gut sein kann, ohne Schaden zu nehmen, wirkte in beiden Teilen Deutschlands provozierend. In der DDR war die Behandlung des Autors und seines Stücks zwiespältig. Er wurde als lebender Beweis für das humanistische Erbe ausgegeben und hofiert.

Zugleich wurde er schikaniert, sein Stück passte angeblich nicht in die sozialistische Kulturpolitik. In der Bundesrepublik war Brecht in der Diskussion über die Möglichkeiten und Grenzen der wirtschaftlichen Ordnung ein polarisierender Bezugspunkt.

Nach dem Untergang der DDR ist die im Stück gestellte Frage weiterhin aktuell. Brechts Anwort jedoch kann nunmehr mit mehr Gelassenheit zur Kenntnis genommen werden, da die unmittelbaren politischen Verwendungskontexte weggefallen sind. Die Frage bleibt, Brechts Antwort hat an Schärfe verloren. Umso mehr rückt der Text als bewusst gestaltetes und wirkungsmächtiges Gebilde in den Blick und fordert zur Auseinandersetzung heraus.

Das vorgelegte Bändchen will dazu beitragen, indem es u. a. Aspekte wie Entstehungszeit, Traditionszusammenhang, Gestaltung und Rezeption akzentuiert, Zugänge für die Interpretation darstellt, Materialien bereitstellt und Aufgaben für die Beschäftigung mit dem Werk vorschlägt.

Der Darstellung liegt die Ausgabe Bertolt Brecht, *Der gute Mensch von Sezuan. Parabelstück*, 1964 u. ö. (=edition suhrkamp 73) zu Grunde.

Horst Grobe

1. Bertolt Brecht: Leben und Werk

1.1 Biografie

Jahr	Ort	Ereignis	Alter
1898	Augsburg	Bertolt Brecht (egentlich Berthold Eugen Friedrich Brecht) am 10. Feb. in Augsburg geboren; Vater: Berthold Brecht, Direktor einer Papierfabrik; Mutter: Sophie geb. Brezing	
1904	Augsburg	Eintritt in die Volksschule	6
1908	Augsburg	Eintritt in das Städtische Realgymnasium	10
1917	Augsburg	Abitur	19
1917	München/Augsburg	Studium der Medizin in München	
1918	Augsburg	Wohnhaft in Augsburg, Bleichstraße 2; Sanitätsdienst	20
1919	Augsburg	Geburt des Sohnes Frank (gefallen im Zweiten Weltkrieg); Mutter: Paula („Bie") Banholzer	21
1920	Augsburg/München	Tod der Mutter Brechts; Übersiedlung nach München, Akademiestraße 15	22
1922	Berlin	Aufenthalt in Berlin; Heirat mit Marianne Zoff	24
1923	München	Geburt der Tochter Hanne Marianne; Dramaturg an den Münchner Kammerspielen	25

1.1 Biografie

Jahr	Ort	Ereignis	Alter
1924	Berlin	Übersiedlung nach Berlin, Spichernstraße 19	26
1924–1926	Berlin	Dramaturg (zusammen mit Carl Zuckmayer) am Deutschen Theater unter Max Reinhardt	26–28
1626	Berlin	Geburt des Sohnes Stephan (Mutter: Helene Weigel)	
1927	Berlin	Scheidung von Marianne Zoff	29
1928	Berlin	Heirat mit Helene Weigel	30
1930	Berlin	Geburt der Tochter Maria Barbara	32
1933	Berlin	Brecht verlässt am Tag nach dem Reichstagsbrand Deutschland; Flucht über Prag und Wien nach Zürich	35
1933	Svendborg	Aufenthalt in Dänemark	35
1940–1941	Skandinavien/USA	Flucht über Schweden nach Finnland nach der Besetzung Dänemarks durch deutsche Truppen am 9. April 1940; Flucht über Moskau nach Kalifornien nach der Teilnahme Finnlands am Zweiten Weltkrieg ab 25. Juni 1941 an Deutschlands Seite; wohnhaft in St. Monica in Hollywood	42–43
1948	Berlin	Wohnsitz in Berlin-Weißensee nach Aufenthalt in Zürich	50
1949	Berlin	Gründung des Berliner Ensembles	51
1953	Berlin	Umzug in die Hinterhauswohnung in Berlin, Chausseestraße 125 neben dem Dorotheenfriedhof	55

1.1 Biografie

Jahr	Ort	Ereignis	Alter
1954	Berlin	Umzug des Berliner Ensembles ins Theater am Schiffbauerdamm	56
1956	Berlin	Tod Brechts am 14. August; Grabstätte auf dem Dorotheenfriedhof in der Nähe seiner letzten Wohnung	58

1.2 Zeitgeschichtlicher Hintergrund

Jahr	Ort	Ereignis	Alter
1914	Augsburg	Erste Gedichte und Kurzgeschichten in der Zeitung „Augsburger Neueste Nachrichten"; patriotische Reaktion Brechts auf Kriegausbruch	16
1915-1916	Augsburg	Androhung der Verweisung vom Gymnasium wegen pazifistischen Aufsatzes; Freundschaft mit Caspar Neher	17–18
1918	München	Teilnahme am Begräbnis Wedekinds; Brecht veranstaltet private Gedenkfeier; Freundschaft mit Lion Feuchtwanger und Johannes R. Becher	20
1919	München	Auftritte auf Trude Hesterbergs „Wilder Bühne"; Zusammenarbeit mit Karl Valentin	21
1922	München	*Trommeln in der Nacht* (Uraufführung)	24
1923	München	Brecht zusammen mit Lion Feuchtwanger auf der Verhaftungsliste; *Im Dickicht der Städte* (Uraufführung München); *Baal* (Uraufführung Leipzig)	25
1924	Berlin	*Im Dickicht der Städte* (Uraufführung Berlin)	26
1925	Berlin	Bekanntschaft mit Helene Weigel, den Brüdern Herzfeld (Wieland Herzfelde und John Heartfield),	27

1.2 Zeitgeschichtlicher Hintergrund

Jahr	Ort	Ereignis	Alter
		George Grosz; Beginn der Zusammenarbeit mit Elisabeth Hauptmann	
1926	Berlin	Marxismus-Studien	28
1928	Berlin	*Dreigroschenoper* (Uraufführung Berlin)	30
1929	Berlin	*Der Jasager* (Uraufführung Berlin); *Der Jasager und der Neinsager* (Uraufführung 1929/1930)	31
1932	Berlin	*Die heilige Johanna der Schlachthöfe* (Aufführung im Rundfunk)	34
1935	Berlin	Ausbürgerung durch die Nationalsozialisten	37
1938–1939	Skandinavien	*Odenseer Kreidekreis*; *Das Leben des Galilei* (1938–1939); **Der gute Mensch von Sezuan** (1938–1939); *Mutter Courage und ihre Kinder* (1939); *Svendborger Gedichte* (1939)	40–41
1940	Skandinavien	*Der Augsburger Kreidekreis*; *Herr Puntila und sein Knecht Matti*	42
1941	USA	Wiedersehen mit deutschen Emigranten (Lion Feuchtwanger, Fritz Kortner, Fritz Lang, Hanns Eisler, Paul Dessau, Heinrich Mann); Bekanntschaft mit W. H. Auden, Charlie Chaplin	43
1941–1943	Zürich	*Mutter Courage und ihre Kinder* (Uraufführung Zürich 1941); *Der gute Mensch von Sezuan* (Uraufführung Zürich 1943)	43–45

1.2 Zeitgeschichtlicher Hintergrund

Jahr	Ort	Ereignis	Alter
1947	USA	Verhör durch Ausschuss für „unamerikanische Aktivitäten" in Washington, Brecht bestreitet, jemals Mitglied der Kommunistischen Partei gewesen zu sein; *Furcht und Elend des Dritten Reiches* (Uraufführung Berlin), *Das Leben des Galilei* (Aufführung in amerikanischer Übersetzung in Beverley Hills)	49
1948	Zürich	Aufenthalt in Zürich; Bekanntschaft mit Max Frisch und Günther Weisenborn; Einreiseverbot in Westdeutschland; *Der kaukasische Kreidekreis* (Uraufführung der amerikanischen Übersetzung von Eric Bentley), *Kleines Organon für das Theater*	50
1950	Berlin	Brecht und Helene Weigel werden österreichische Staatsbürger	52
1954	Berlin	*Der kaukasische Kreidekreis* (Uraufführung durch Berliner Ensemble)	56

1.3 Angaben und Erläuterungen zu wesentlichen Werken

1.3.1 Brecht und Charakteristika seines Schreibens

Brechts Dramen sind in intensiver Auseinandersetzung mit den gesellschaftlichen Fragen der Zeit, der literarischen und sprachlichen Tradition und den Möglichkeiten der Bühne entstanden. Ihnen liegt eine politisch-ästhetische Wirkungsabsicht zu Grunde, zu deren Umsetzung sich Brecht einer dichterischen Sprache bedient, die er in langjähriger Praxis entwickelt hat. Für Brecht ist die Bühne der Ort, an dem die Fragen des geistigen und des Grundbesitzes behandelt werden. Dies geschieht modellhaft, indem an einem Einzelfall Ursachen und Wirkungen von Verhältnissen zwischen Menschen abgebildet und dem Zuschauer zur Beurteilung vorgelegt werden. Durch die Herausarbeitung seiner gesellschaftlichen und politischen Bedeutung gewinnt er die Qualität eines exemplarischen Verweises auf Humanitätsdefizite. In der Kritik des gegenwärtigen gesellschaftlichen Zustands wird ein Gegenentwurf sichtbar. Der Stoff der Dramen ist nicht unbedingt neu, sondern in vielen Fällen werden vorliegende Stoffe bearbeitet, sofern in ihnen ein dramatischer Kern enthalten ist, an dem der gesellschaftliche Veränderungsbedarf demonstriert werden kann. Die Schauplätze können daher räumlich oder zeitlich entlegen sein, die Handlung vertraut oder exotisch; entscheidend ist, dass die dramatische Keimzelle in der Vorlage durch die Bearbeitung einen kritischen Zugriff auf die gesellschaftliche Gegenwart des Zuschauers ermöglicht. Das Erkennen dieser Möglichkeit setzt den geschulten Blick des Autors voraus.

Politisch-ästhetische Wirkungsabsicht

Einzelfall als Modell

1.3 Erläuterungen zum Werk

Sorge um Individuum angesichts sozialer Probleme

Brechts Sorge gilt dem einzelnen Menschen, dessen Situation in der Zeit nach dem Ersten Weltkrieg durch Hunger, Vermassung, Entwurzelung und Orientierungslosigkeit angesichts zunehmender Verstädterung, Arbeitslosigkeit bei gleichzeitiger ungeahnter Produktivität und dem Anwachsen der politischen Extreme gekennzeichnet ist. Dass diese Sorge berechtigt ist, hat er selbst durch politische Verfolgung und Emigration erfahren. Schon in seiner Jugendzeit in der Provinz ist ihm klar geworden, dass das Bürgertum mit seiner erstarrten Wertordnung nicht in der Lage ist, auf die drängenden Probleme zu reagieren, und auch die herrschenden literarischen Strömungen des Impressionismus und Expressionismus formulierten bestenfalls die Situation; gesellschaftliche Gründe und Veränderungsperspektiven wurden durch sie nicht in den Blick gefasst. In Berlin wird sein Problembewusstsein noch mehr geschärft, und die Möglichkeiten einer veränderten Literatur- und Bühnenpraxis zur Überwindung des Schwulsts und des kulinarischen Charakters des bürgerlichen Theaters in Theorie und Praxis erprobt. Mit ähnlicher Absicht

Politisches Theater

wirkt zur gleichen Zeit **Erwin Piscator** in Berlin und entwickelt neue Inszenierungsformen für ein politisches Theater in viel beachteten Aufführungen. Die in den folgenden Jahren entstehenden Stücke sind das Ergebnis einer reflektierten Schreib-, Proben- und Aufführungspraxis, die sich in ständigen Überarbeitungen, Diskussionen, Dokumentationen, Notaten und auch in einer ausgeformten Theorie des epischen Theaters niederschlägt und deren zentraler Begriff der Verfremdungseffekt (V-Effekt) ist. „Eine ver-

Verfremdungseffekt

fremdende Abbildung ist eine solche, die den Gegenstand zwar erkennen, ihn doch zugleich fremd erscheinen läßt".[1] In den Bühnenstücken wird eine Vielzahl von sprachlichen Mitteln für die Erzielung dieser Wirkung wie z. B. Lieder, Montagetechnik, Chronik- und Historienstil eingesetzt. Besonders geeignet sind Parodie und Parabel als Darstellungsformen für die Verknüpfung von Einzelfall und allgemeiner gesellschaftlicher Bedeutung, weil der Auftrag zur Entschlüsselung mit ihnen schon vorgegeben ist. Auch mit Überlegungen und konkreten Anweisungen zum Bühnenbild, zur Bühnenmusik und zum professionellen Tun der Schauspieler zielt Brecht auf die „Überwindung des Illusionstheaters"[2].

Die kämpferische Auseinandersetzung mit dem etablierten Theaterbetrieb und das Bemühen, seinen Auffassungen in der intellektuellen und journalistischen Welt Aufmerksamkeit und Anerkennung zu verschaffen, hat zu einer Gestalt der Theorie geführt, die bisweilen den Blick auf den Kern verstellt. Im Kern geht es Brecht darum, das Theater zu einer produktiven gesellschaftlichen Kraft zu machen, in dem der Zuschauer gesellschaftliche Vorgänge analysieren kann. Das Ergebnis der Analyse soll seinen Zorn auf Unrechtstatbestände lenken und ihn für gesellschaftliche Veränderungen aktivieren. Das Theater soll in Analogie zum Laboratorium gegenwärtige Situationen im Modell studieren und ursächliche gesellschaftliche Zusammenhänge und neue verbesserte Konstellationen aufzeigen.

Theater als gesellschaftliches Labor

Die produktiven Kräfte, die in der Gesellschaft im Automobil und im Flugzeug greifbar werden, sollen auch auf der Bühne durch eine zeitgemäße Schreib- und Aufführungspraxis freigesetzt werden, um das Dasein der Menschen zu erleichtern.

---
1 *Gesammelte Werke*, Bd. 16, S. 680
2 Esslin, S. 180.

1.3 Erläuterungen zum Werk

„Es treffen sich ... Wissenschaft und Kunst darin, daß beide das Leben der Menschen zu erleichtern da sind, die eine beschäftigt mit ihrem Unterhalt, die andere mit ihrer Unterhaltung".[3]

Dazu, dass der Text auf der Bühne Teil eines politischen und ästhetischen Konzepts wird, tragen auch Sprache und Motive bei. Brechts Sprache speist sich aus verschiedenen Quellen, die zu einem eigenständigen Strom zusammenfließen.

> *„Die Leistung Brechts bestand darin, dass es ihm gelang, diese (nämlich bajuwarische) Grundfarbe durch die Einschmelzung archaischer Elemente des älteren Deutsch, vor allem des barocken Deutsch, sowie durch kühne und witzige Verwendung von Konstruktionen und Redeweisen der Bürokraten- und Amtssprache (die ja selbst wieder auf ihre eigene Art barock ist) über die rein lokale Ebene auf die höhere einer neuen, allgemeinen Bühnensprache hinaufzuheben."*[4]

Darin sind außerdem noch die Sprache der Bibel und der volkstümlichen Unterhaltungskultur zu erkennen, wie sie z. B. im Zirkus, Varieté oder auf dem Jahrmarkt als Moritat, Bänkelsang, Volkslied oder Couplet vorkommen. Mit der Verschmelzung dieser sprachlichen Elemente hat sich Brecht eine unverkennbare Sprache geschaffen, die

Einfache stilisierte Sprache

Empfindungen und Gedanken auf scheinbar einfache Weise sparsam und prägnant formuliert. Die Sprache ist auf das Volk als geradezu kreatürliche Größe hin stilisiert.

Indem sich Brecht auf sehr unterschiedliche sprachliche und literarische Quellen stützt und sie zu einer eigenen, aber ihre

---
3   *Gesammelte Werke*, Band 16, S. 670.
4   Esslin, S. 156.

1.3 Erläuterungen zum Werk

Herkunft noch ausweisenden Ausdrucksweise umformt, lässt er ein Selbstverständnis vom Dichter erkennen, dem Texte (eigene ebenso wie die von anderen Autoren) Teil der gesellschaftlichen Wirklichkeit sind, die zur kritischen Reflexion und Umgestaltung herausfordern. Dichten ist für ihn eine unabdingbare Form gesellschaftlichen Handelns, dessen Kennzeichen darin besteht, dass es handwerklich, kritisch, prozessual und prinzipiell kontinuierlich ist. Vor diesem Hintergrund greift der Vorwurf des Plagiats, der zu Brechts Lebzeiten gegen seine Verwendung fremder Vorlagen erhoben worden ist, ins Leere.

Dichten als gesellschaftliches Handeln

Brechts kontinuierliche Auseinandersetzung mit den gesellschaftlichen Fragen der Zeit, den literarischen und sprachlichen Traditionen und ihre produktive Rezeption und Umsetzung in eine theoretisch reflektierte Aufführungspraxis macht seinen charakteristischen Stil aus, der bei aller Unterschiedlichkeit der Werke unverkennbar ist.

Charakteristischer Stil der Stücke

„Den Höhepunkt seiner sprachlichen Meisterschaft erreichte Brecht jedoch in den großen Dramen, die in den Jahren zwischen 1937 und 1947 entstanden: Hier verschmilzt der Überschwang und die anarchische Ekstatik seiner Jugend mit der sachlichen Strenge seiner mittleren Schaffensperiode in einem sprachlichen Reichtum, einer dichterischen Ausdruckskraft, die in der deutschen Literatur dieses Jahrhunderts einzig dastehen. Hier gebraucht Brecht all die vielfältigen Farben seiner Palette, biblische Wucht, süddeutsche Mundart, exotische Namen und Anspielungen, Archaismen, parodistische verwendete Beamtensprache, Bänkelsängerrhythmen, Parodien auf Klassiker, chinesische Lyrik mit souveräner Kontrolle und mit in der strengen Schule der Lehrstücke gelernter

1.3 Erläuterungen zum Werk

Sparsamkeit, so dass der Endeffekt immer wieder der einer überraschenden Einfachheit des Ausdrucks ist. Dabei hat jedes Stück seinen eigenen Ton, seine eigene sprachliche Atmosphäre: Mutter Courage *die barocke Erdhaftigkeit der simplizianischen Bücher;* Puntila *eine stark mundartlich gefärbte Volkstümlichkeit;* Galilei *gleichfalls eine barocke Färbung, aber diesmal die des Reichtums und der Phantastik von barocken Disputationen und wissenschaftlichen Traktaten;* Der gute Mensch von Sezuan *die Ironie und Urbanität konfuzianischer Gesittung;* Der kaukasische Kreidekreis *eine ähnliche, und doch wieder ganz anders gefärbte, orientalische Melodie;* Schweyk im Zweiten Weltkrieg *eine meisterhafte Nachempfindung der böhmischen Mundart des Hasek'schen Romans.*"[5]

Der hier nur ungenau angesprochene Ton konkretisiert sich im Stück *Der gute Mensch von Sezuan*

Konkretisierung

in der Auseinandersetzung mit dem politischen, wirtschaftlichen und kulturellen Geschehen der Weimarer Republik und ihres Untergangs und der Reflektion darüber in der Emigration. Arbeitslosigkeit, Überproduktion, Verarmung und Arbeitsbeschaffung sind noch in der im fernen Sezuan angesiedelten Parabelhandlung gegenwärtig. In der dortigen Gesellschaft existieren Rückständigkeit und Fortschritt nebeneinander. In diesem Umfeld wird das alte Problem nach dem Ursprung des Bösen angesichts der durch Weltwirtschaftskrise, Inflation und Nationalsozialismus gemachten Erfahrungen aus der Distanz des Exils in die Frage nach den Überlebensaussichten des Guten umgewandelt und untersucht.

---

5   Ebd., S. 170.

1.3 Erläuterungen zum Werk

1.3.2 Die Stücke der Emigrationszeit

Der gute Mensch von Sezuan gehört zusammen mit *Das Leben des Galilei*, *Mutter Courage und ihre Kinder* und *Der kaukasische Kreidekreis* zu den großen Dramen Brechts, die während der Zeit der Emigration entstanden sind. Während dieser Zeit schrieb er noch weitere Stücke. Zwischen den Stücken bestehen enge thematische Beziehungen. Sie setzen sich mit der deutschen und internationalen Politik und der Herrschaft des Nationalsozialismus auseinander. Dabei verändert sich im Verlauf der Zeit der Blickwinkel. Während anfangs der Nationalsozialismus und seine Grundlagen in der Hoffnung auf schnelle Überwindung bekämpft wurden (*Die Rundköpfe und die Spitzköpfe*, *Der aufhaltsame Aufstieg des Arturo Ui*, *Furcht und Elend des Dritten Reiches*), tritt später die Frage nach den Gegenkräften (*Das Leben des Galilei*) und nach den Überlebensstrategien (*Schweyk im Zweiten Weltkrieg*, *Mutter Courage und ihre Kinder*) in den Vordergrund. Der Blick geht von den Herrschenden zu den Beherrschten. Es wird untersucht, ob und wie durch List und Anpassung ein Überleben und eine Lebensperspektive möglich sind. In diesem Zusammenhang wird auch der Frage nachgegangen, wie in einer Welt, in der Geschäft und Krieg bestimmend sind, der Mensch mit Freundlichkeit und Güte existieren kann (*Der gute Mensch von Sezuan*, *Der kaukasische Kreidekreis*). Mit seinen Stücken will Brecht in die politische und gesellschaftliche Entwicklung eingreifen, und indem er kritisch analysiert und grundsätzlich argumentiert, entwickelt er dazu eine utopische Perspektive, die in der politischen Gestaltung nach der Emigration fruchtbar werden soll.

> Themen der Stücke

2. Textanalyse und -interpretation

2.1 Entstehung und Quellen

Die Entstehung des Stücks *Der gute Mensch von Sezuan* zieht sich über viele Jahre hin. Die Anfänge liegen in den zwanziger Jahren, die Hauptarbeit erfolgt in den Jahren 1939 bis 1941; danach nimmt Brecht noch Korrekturen und Ergänzungen vor.

Entstehungszeit

Das Motiv der drei Götter, die in eine Stadt eingeladen, dort aber nicht gut aufgenommen werden, findet sich schon in dem Gedicht *Matinee in Dresden* (1926).[6] Ein Bürger der Stadt versucht vergeblich, sie für die entgangene Ehrung zu trösten, und bittet sie, die Stadt nicht zur Strafe zu überschwemmen. In das Gedicht ist Brechts Ärger über eine literarische Veranstaltung eingegangen, zu der er zusammen mit Alfred Döblin und Arnolt Bronnen eingeladen war und bei der er sich nicht hinreichend beachtet fühlte.

Göttermotiv

Das Motiv der Verkleidung einer Prostituierten als Tabakhändler findet sich in dem Entwurf zu einem Stück mit der Überschrift *Fanny Kreß oder Der Huren einziger Freund* von 1927/1928. Die Prostituierte will helfen, doch die anderen Prostituierten sind nur am Mann interessiert. Weitere Vorarbeiten fallen in das Jahr 1930. Der Entwurf eines Kurzstücks mit dem Titel *Die Ware Liebe* handelt vom Zwiespalt einer Prostituierten, die zugleich Ware und Verkäufer ist. Durch glückliche Umstände kommt sie zu Geld und eröffnet einen Tabakladen. Als Mann verkauft sie Tabak, als Prostituierte geht sie weiter ihrem Gewer-

Vorarbeiten

---

6 *Gesammelte Werke*, Bd. 8, S. 158 f.

2.1 Entstehung und Quellen

be nach. Zwei weitere Fassungen, die um 1930 verfertigt wurden, greifen das Motiv der Spaltung der Prostituierten, die als Tabakhändler arbeitet, auf. Die wechselseitige Ausbeutung und Abhängigkeit zwischen ihr und ihrem Freund, der als Gehilfe im Laden arbeitet, wird durch finanzielle Interessen und Schwangerschaft verstärkt.

Auf der Grundlage der Vorarbeiten nimmt Brecht 1939 die Arbeit am Stück *Der gute Mensch von Sezuan* auf. Die Arbeit gestaltet sich im Einzelnen recht schwierig und wird mehrfach unterbrochen. Schließlich notiert er am 20. 6. 1940 in sein Arbeitsjournal: „im großen und ganzen fertig mit dem guten menschen von sezuan".[7] Dennoch nimmt er sich das Stück 1940/41 immer wieder vor, um Details zu ergänzen und Korrekturen vorzunehmen. Das Stück kann – wie zuvor schon viele andere Stücke – nicht auf der Bühne ausprobiert werden. In den folgenden Jahren ist Brecht gespannt auf das Urteil von Freunden und der literarischen Welt. Er beschäftigt sich mit Fragen der Bühnenwirkung des Stücks, das schließlich 1943 in Zürich uraufgeführt wird.

Brecht hat für sein Stück von vielen Quellen Gebrauch gemacht. Das wichtigste Motiv ist der Besuch der Götter, um gute Menschen zu finden. Sie finden jedoch nur einen einzigen Menschen, dessen Gutsein sie durch eine Geldspende in Gang setzen müssen und der sich in dieser Welt nur dadurch behaupten

Quellen und Anregungen

kann, dass er sich eine Doppelrolle zulegt. Eine Lösung für die Frage, wie man zu sich selbst und anderen zugleich gut sein kann, wird nicht gegeben. Der Götterbesuch findet sich in Ovids *Metamorphosen* im 8. Gesang von **Philemon und Baucis**. Sie sind die Einzigen, welche die Wanderer Zeus und

---

[7] Zit. nach Knopf, S. 14.

2.1 Entstehung und Quellen

Hermes aufnehmen. Sie werden dafür belohnt, indem bei einer Sintflut ihre Hütte verschont und in einen Tempel verwandelt wird. Göttlichen Besuch erhalten auch Abraham (1. Mose 18) und Lot (1. Mose 19). Beide üben Gastfreundschaft und werden zur Belohnung von der Zerstörung von **Sodom und Gomorrha** verschont. Abraham wird von Jahwe besucht, der untersuchen will, ob die Klagen über die Bewohner der beiden Städt berechtigt sind. Abraham setzt sich dafür ein, dass die Gerechten nicht wegen der Gottlosen vernichtet werden sollen. Er handelt die Zahl der Gerechten, die für die Verschonung der Städte ausreichend sein soll, von fünfzig auf zehn herunter.

Die Geschichte von Philemon und Baucis ist auch in Goethes Tragödie *Faust. Zweiter Teil* eingegangen. Zu Beginn des fünften Aktes in der Szene „Offene Gegend" (V. 11043) erklären die beiden alten Leute einem Besucher die Veränderungen der Landschaft durch Fausts Entwässerungs- und Eindeichungswerk. Faust will unbedingt ihre Hütte wegen der Aussicht auf seinen Besitz erwerben. In ähnlicher Weise wie Faust schädigt Shen Te das Ehepaar, das ihr Geld geliehen hat. Als sie das Geld zurückzahlt, hilft es den beiden nicht mehr. Weitere Berührungspunkte zwischen Goethes *Faust* und Brechts *Der gute Mensch von Sezuan* ergeben sich durch Anspielungen, Themen und Motive.[8]

Weitere Anregungen hat Brecht aus der chinesischen Philosophie und Literatur bezogen, die in Berlin in den zwanziger und dreißiger Jahren mit großer Aufmerksamkeit wahrgenommen wurde. Sie wurde dem literarisch interessierten Publikum durch Übersetzungen nahe gebracht. So gingen

Anregungen durch Philosophie und Literatur

---

8 Vgl. W.-E. Schneidewind und B. Sowinski, S. 24.

2.1 Entstehung und Quellen

dem Stück *Der kaukasische Kreidekreis* (1941/44) mehrere Texte voraus, die vom asiatischen Denken angeregt sind oder in einem fernöstlichen Umfeld spielen. Auch beschäftigt er sich in den dreißiger Jahren mit einem *Tui-Roman*, in dem in chinesischer Einkleidung das Schicksal der Weimarer Republik und die Rolle der Intellektuellen dabei untersucht wird. Der Roman blieb Fragment. Im *Me-ti/Buch der Wendungen* setzt sich Brecht mit der Lehre eines chinesischen Philosphen auseinander. Dessen Gedanken über Staat, Armut, Krieg und Frieden regen Brecht an, diese Fragen vor seinem eigenen zeitlichen Hintergrund in chinesischer Manier zu erörtern.

Die vielfach genutzte Methode der literarischen Aneignung wendet Brecht auch beim Stück *Der gute Mensch von Sezuan* an. Gedanken, Themen und Motive unterschiedlichen Ursprungs werden aufgegriffen, verändert und zusammengefügt, wobei sie einer politisch-ästhetischen Wirkungsabsicht dienstbar gemacht werden. Die alte Frage nach dem Ursprung des Bösen in der Welt wird vor dem Hintergrund der Erfahrungen von Weltwirtschaftskrise, Inflation, Nationalsozialismus, Krieg und Exil in Form einer Parabel neu gestellt. Es geht am Fall des konkreten Menschen Shen Te um das Dilemma zwischen Gutsein und wirtschaftlichem Überleben. Shen Te ist der gute Mensch, von dem im Titel die Rede ist, und es gelingt ihr nicht, in der vom Geld bestimmten Welt gut zu sein. In der Gestalt Shui Tas versucht sie sich der wirtschaftlichen Forderungen zu erwehren. Das Dilemma ist unter den gesellschaftlichen Verhältnissen nicht lösbar und wird dem Zuschauer vorgelegt.

> Literarische Methode

2.2 Inhaltsangabe

Vorspiel: Eine Straße in der Hauptstadt von Sezuan

Der Wasserverkäufer Wang erwartet auf einer Straße in Sezuan die Götter, die er an ihrem Äußeren erkennt, und bietet ihnen seine Dienste an. Bei der Ausführung ihres Auftrags, ihnen ein Nachtquartier zu besorgen, wird er immer wieder zurückgewiesen. Die Götter, auf die Erde geschickt, **um gute Menschen zu finden**, bemerken seine Schwierigkeiten. Sie haben in anderen Städten bereits dieselbe Erfahrung gemacht. Während Wang weiter sucht, stellen sie fest, dass sein Wasserbecher zwei Böden hat. Schließlich erklärt sich die Prostituierte Shen Te bereit, den Göttern ihre Kammer zu überlassen. Durch ein Missverständnis hat sich Wang aus dem Staube gemacht. Er glaubt, dass Shen Te ihre Zusage wegen ihres Gewerbes nicht wahr mache, während sie in Wirklichkeit einem erwarteten Freier absagt. Als Shen Te den Göttern am Morgen ihre Notlage schildert, hinterlassen sie ihr einen Geldbetrag für das Nachtquartier.

Stichwörter/wichtige Textstellen:
Darstellung der Götter:

- Äußeres: „Sie sind wohlgenährt, weisen keine Zeichen irgendeiner Beschäftigung auf und haben Staub auf den Schuhen, kommen also von weit her" (S. 8).
- Auftrag: „In dem Beschluß hieß es: die Welt kann bleiben, wie sie ist, wenn genügend gute Menschen gefunden werden, die ein menschenwürdiges Dasein leben können" (S. 10).
- Zweifel und Hoffnung: „Es gibt keinen Gottesfürchtigen mehr, das ist die nackte Wahrheit" (S. 10) und „Wir können immer noch gute Menschen finden, jeden Augenblick" (S. 10).
- Shen Tes Schilderung des Problems, gut zu sein: „Ich bin zu

allem bereit, aber wer ist das nicht? Freilich würde ich glücklich sein, die Gebote halten zu können der Kindesliebe und der Wahrhaftigkeit. Nicht begehren meines Nächsten Haus, wäre mir eine Freude, und einem Mann anhängen in Treue, wäre mir angenehm. Auch ich möchte aus keinem meinen Nutzen ziehen und den Hilflosen nicht berauben. Aber wie soll ich dies alles? Selbst wenn ich einige Gebote nicht halte, kann ich kaum durchkommen." (S. 16)

Von dem Geld der Götter hat Shen Te einen kleinen Tabakladen erworben. Als sie von der früheren Besitzerin, ihren früheren Wirtsleuten und deren Angehörigen und einem heruntergekommenen Mann aus Not um Hilfe angegangen wird, **kann sie nicht Nein sagen**. Weiterhin bringen sie der Schreiner, der die Rechnung für die Regale der Ladeneinrichtung eintreiben will, und die Vermieterin, die Referenzen verlangt, in Schwierigkeiten. Widerstrebend greift sie einen Einfall ihrer Wirtsleute auf und **erfindet einen Vetter**, der angeblich die Rechnung bezahlen und für sie bürgen soll. Weitere Verwandte treffen ein, machen es sich gemütlich und bedienen sich an den Zigaretten. Bei kreisendem Weinkrug wird mit dem „Lied vom Rauch" gefeiert.

> Szene I: Ein kleiner Tabakladen

Stichwörter/wichtige Textstellen:
- **Einführung des angeblichen Vetters**: „SHEN TE *langsam, mit niedergeschlagenen Augen*: Ich habe einen Vetter. (...) Er wohnt nicht hier, sondern in einer anderen Stadt." (S. 25) – Vgl. „Sag doch, er gehört dir nicht. Sag, er gehört einem Verwandten, einem Vetter zum Beispiel, der von dir genaue Abrechnung verlangt. Kannst du das nicht?" (S. 21) und „Meine liebe Shen Te, warum übergibst du nicht deinem

2.2 Inhaltsangabe

Vetter die Angelegenheit?" (S. 23).
- Nachdem Shen Te angesichts von Schwierigkeiten zuerst auf Geduld setzt („Mit einem kleinen Aufschub/Werden die weitesten Ziele erreicht.", S. 23), ist sie am Ende der Szene verzweifelt („Mein schöner Laden! O Hoffnung! Kaum eröffnet, ist er schon kein Laden mehr!", S. 28).
- Im „Lied vom Rauch" stellen die ins Elend geratenen Gäste Shen Tes ihre Erfahrungen dar: Klugheit, Redlichkeit und Alter sind nutzlos.

Zwischenspiel:
Unter einer Brücke

Die Götter erscheinen Wang im Traum. **Sie loben Shen Te für ihre Güte** und fordern ihn auf, sie zu unterstützen, bevor sie ihre Suche nach guten Menschen fortsetzen.

Shui Ta, zunächst nur zur Abwehr von Forderungen erfunden, erscheint statt Shen Tes und wirft die ungebetenen Gäste hinaus. Sie wollen ihrer angenehmen Lage nicht verlustig gehen und suchen erfolglos Shen Te. Shui Ta drückt die Forderung des Schreiners von hundert auf zwanzig Silberdollar und arbeitet mit der Polizei zusammen, um sich der Besucher mit sanftem Nachdruck zu entledigen, indem er eine Festnahme ermöglicht: Ein Junge, der zur Besuchergruppe gehört, hat für die Eltern Brötchen gestohlen. Die Vermieterin nutzt Shen Tes Lebensweise, um günstige Mietbedingungen durchzusetzen. Der Polizist, setzt aus Dank für die **Zusammenarbeit Shui Tas mit der Obrigkeit** eine Heiratsanzeige für Shen Te auf.

Stichwörter/wichtige Textstellen:
Shen Te ist in der Not **in die Rolle des erfundenen Vetter Shui Ta geschlüpft**. Die **Verhaltensweisen von Shen Te und Shui Ta sind gegensätzlich**: Die Gastfreundschaft wird been-

2.2 Inhaltsangabe

det („Meine Kusine bedauert natürlich, das Gebot der Gastfreundschaft nicht auf unbegrenzte Zeit befolgen zu können. Aber sie sind leider zu viele!", S. 33). Durch **Hartherzigkeit** gegenüber den Gästen und dem Schreiner und durch Zusammenarbeit mit der Polizei bessert sich ihre Lage.

Shen Te, auf dem Weg zu einem Heiratswilligen, verhindert im Park den

> Szene 3: Abend im Stadtpark

Selbstmord des stellungslosen Piloten Sun. Unter einem Baum vor dem Regen Schutz suchend, erzählen beide aus ihrem Leben. **Shen Te verliebt sich** und **kauft Wasser** von Wang für ihn, obgleich es genügend Regenwasser gibt.

Stichwörter/wichtige Textstellen:
Wang trifft Shen Te wieder. Das „Lied vom Wasserverkäufer im Regen" (S. 50 f.) stellt seine paradoxe Situation dar, in der sie für Sun Wasser kauft.

Die Götter scheinen Wang wieder im Traum. Er berichtet über Shen Tes **gute Taten und ihre Schwierigkeiten**, aus

> Zwischenspiel: Wangs Nachtlager in einem Kanalrohr

denen ihr Shui Ta herausgeholfen hat.

Stichwörter/wichtige Textstellen:
Shen Te wird als „Engel der Großstädte" (S. 54) bezeichnet.

Vor dem Tabakladen warten der Großvater und die Schwägerin von der Familie, die Shui Ta hinausgeworfen hat,

> Szene 4: Platz vor Shen Te's Tabakladen

sowie der Arbeitslose und Shin, die frühere Besitzerin des Ladens. Vor ihren Augen wird Wang, den Shu Fu aus seinem Barbierladen hinausgeworfen hat, von diesem mit der Brennschere auf die Hand geschlagen. Shen Te kommt zurück. Die Liebe zu Sun macht sie **leichtsinnig** und sie kauft einen Schal, um ihm zu gefallen. Darüber vergisst sie die fällige Mietvorauszahlung, aber Nachbarn helfen ihr, indem sie ihr gegen Pfändung der Tabakvorräte den Betrag leihen. Suns Mutter kommt und berichtet, dass ihr Sohn für 500 Silberdollar eine Pilotenstelle bekommen kann. Shen Te gibt ihr die geliehenen 200 Silberdollar, die für die Miete bestimmt waren, und hofft die restlichen 300 Silberdollar anderweitig besorgen zu können.

Wang wird geraten, wegen seiner verletzten Hand statt zum Arzt zum Richter zu gehen, um eine Rente zu bekommen, aber keiner der Zeugen des Vorfalls ist bereit, eine Aussage zu machen. Nur Shen Te will aussagen, obgleich sie nicht dabei war, weil ihr Wang Leid tut.

> **Stichwörter/wichtige Textstellen:**
> **Einsatz Shen Tes gegen Unrecht:** „Was ist das für eine Stadt, was seid ihr für Menschen!/ Wenn in einer Stadt ein Unrecht geschieht, muß ein Aufruhr sein/Und wo kein Aufruhr ist, da ist es besser, daß die Stadt untergeht/Durch ein Feuer, bevor es Nacht wird!" (S. 61)

Zwischenspiel vor dem Vorhang

Shen Te trägt „Das Lied von der Wehrlosigkeit der Götter und Guten" vor, während sie sich langsam durch Anlegen des Anzugs und Aufsetzen der Maske in Shui Ta verwandelt. Sie klagt die **ungerechte Weltordnung** an, in der die **Guten allein gelassen** werden.

2.2 Inhaltsangabe

Sun nimmt den Laden in Augenschein, um die fehlenden 300 Silberdollar aufzutreiben, und findet dort Shui Ta vor. Er bringt ihn dazu, den Laden für diesen Betrag an die Hausbesitzerin zu verkaufen. Shui Ta will ihn nur für 500 Silberdollar verkaufen, damit kann er sich jedoch nicht durchsetzen. Shui Ta ist verzweifelt, weil **Shen Tes Liebe nicht von Sun erwidert** und sie ausgenutzt wird. In dieser Lage erklärt sie sich als Shui Ta mit einer **Vernunftehe** mit dem Barbier Shu Fu einverstanden, der ihr verspricht, dass sie seine Häuser mit Obdachlosen belegen darf. In dieser Situation kann Wang für seine Anklage gegen den Barbier von Shen Te keine Hilfe erwarten, schon gar nicht durch eine Falschaussage. Sun kommt zurück und nimmt Shen Te wieder für sich ein. Zum Erstaunen aller ist sie **bereit, mit Sun zu gehen**.

Szene 5: Der Tabakladen

Stichwörter/wichtige Textstellen:
Trotz der Hartherzigkeit Shui Tas hat Shen Te den Laden verloren. Durch die Liebe ist sie trotz aller Vorsicht in diese Lage gekommen. „Die Zeiten sind furchtbar, diese Stadt ist eine Hölle, aber wir krallen uns an der glatten Mauer hoch. Dann ereilt einen von uns das Unglück: er liebt. Das genügt, er ist verloren. Wie soll man sich von allen Schwächen frei machen, vor allem von der tödlichsten, der Liebe? Sie ist ganz unmöglich! Sie ist zu teuer!" (S. 73)

Shen Te denkt unmittelbar vor der Hochzeit über ihre Lage nach. Sie macht sich Vorwürfe, dass sie aus Liebe zu Sun zurückgekehrt ist. Sie ist überzeugt, in ihm das Gute ansprechen zu können. Die Äußerungen von Sun gegenüber Shui Ta tut sie als unwichtiges Gerede zwischen Männern ab. Sie

Zwischenspiel vor dem Vorhang

hat versprochen, den geliehenen Geldbetrag zurückzuzahlen und glaubt, dass Sun lieber in der Fabrik arbeiten als sich seinen Traum vom Fliegen durch Unrecht erfüllen will.

> **Stichwörter/wichtige Textstellen:**
> Gut sein schließt ein, dass man zu sich selbst gut ist: „Keinen verderben zu lassen, auch nicht sich selber/Jeden mit Glück zu erfüllen, auch sich, das ist gut" (S. 81).

Szene 6: Nebenzimmer eines billigen Restaurants in der Vorstadt

Die Hochzeitsgesellschaft wartet auf die Eheschließung. Dazu kommt es nicht, weil Shui Ta, auf den Sun und seine Mutter warten, nicht kommt. Vom Treffen mit Shui Ta verspricht er sich, dass sein Traum, Flieger zu werden, doch noch wahr wird. Shen Te erklärt ihm, dass Shui Ta nicht kommen wird, und besteht darauf, die 200 Silberdollar zurückzuzahlen. Sie bemerkt, dass er sie nicht gut sein lassen will. Als sich die Gesellschaft schon aufgelöst hat, singt Sun „Das Lied vom Sankt Nimmerleinstag".

> **Stichwörter/wichtige Textstellen:**
> Shen Te verdeutlicht ihre **Identität mit Shui Ta**: „Wo ich bin, kann er nicht sein" (S. 87). Die Doppelrolle umfasst zwei gegensätzliche Einstellungen. „Ich bin es, die dich liebt. Mein Vetter Shui Ta liebt niemand. Er ist mein Freund, aber er ist keiner meiner Freunde Freund" (S. 87 f.) Weil Sun des Geldes wegen auf Shui Ta setzt, kann er nicht mit Shen Te übereinkommen. Sie will gut sein, doch „er ist schlecht und er will, daß auch ich schlecht sein soll. Hier bin ich, die ihn liebt, und er wartet auf den Vetter." (S. 89 f.)

Die Götter erscheinen Wang wieder im Traum und ziehen eine **Zwischenbilanz**. Nach Wangs Auffassung ist Shen Te gescheitert. Die Götter geben sich überzeugt, dass trotz der bisherigen schlechten Erfahrungen alles ein gutes Ende nehmen wird. **Sie können nicht in die Ereignisse eingreifen**.

Zwischenspiel: Wangs Nachtlager

Stichwörter/wichtige Textstellen:
Den Grund für Shen Tes Scheitern sieht Wang darin, dass „sie die Gebote der Nächstenliebe befolgte. Vielleicht ist sie wirklich zu gut für diese Welt" (S. 94).

Shen Te muss den verpfändeten Tabak abgeben und steht nunmehr mit leeren Händen da. Der Barbier Shu Fu stellt ihr einen **Blankoscheck** aus. Sie ist **schwanger**. Der Schreiner Lin To hat durch ihre Mitwirkung als Shui Ta seine Werkstatt verloren. Shen Te bringt eines seiner Kinder in den Baracken von Shu Fu unter und kümmert sich ums Wangs steif gewordene rechte Hand. Die Nachbarn machen ihr **Vorwürfe wegen ihrer Freigiebigkeit**. Shen Te erklärt sich bereit, für ein älteres Paar Tabakballen aufzubewahren, obgleich es sich dabei um Diebesgut handelt. Als sie das Kind des Schreiners beim Wühlen nach Nahrung in der Mülltonne sieht, nimmt sie sich fest vor, alles für das Wohl ihres werdenden Kindes zu tun, und verwandelt sich in Shui Ta. Alle Personen, die gekommen sind, um Shen Te um Hilfe anzugehen, werden nunmehr von Shui Ta in Dienst genommen. Sie sollen in dem Gebäude von Shu Fu Tabak verarbeiten. Durch den Scheck ist die Mietzahlung an die Hausbesitzerin gesichert und das ältere Paar wird um sein Diebesgut gebracht.

Szene 7: Hof hinter Shen Te's Laden

2.2 Inhaltsangabe

> **Stichwörter/wichtige Textstellen:**
> **Mit Blick auf ihr Kind verwandelt sich Shen Te in Shui Ta:** „Was ich gelernt in der Gosse, meiner Schule/Durch Faustschlag und Betrug, jetzt/Soll es dir dienen, Sohn, zu dir will ich gut sein und Tiger und wildes Tier/Zu allen andern, wenn's sein muß. Und/Es muß sein. *Sie geht ab, sich in den Vetter zu verwandeln.*" (S. 104).

Zwischenspiel: Wangs Nachtlager

Wieder erscheinen Wang die Götter im Traum. Er hat Angst um Shen Te und bittet die Götter um Entlastung.

> **Stichwörter/wichtige Textstellen:**
> Die erbetene **Entlastung** soll in der Verringerung der Anforderungen der Götter bestehen („Wohlwollen (...) anstatt Liebe", S. 109, „Billigkeit anstatt Gerechtigkeit", S. 110 und „Schicklichkeit anstatt Ehre", S. 110), doch sie sehen darin eine größere Beschwernis.

Szene 8: Shui Ta's Tabakfabrik

Shui Ta betreibt in den Baracken des Barbiers Shu Fu eine Tabakfabrik. Darin lässt er unter anderem den Schreiner mit seinen Kindern und die Schwägerin und den Großvater aus der Familie, die sich bei Shen Te einquartiert hatte, arbeiten. Er hat Sun wegen **Bruch des Eheversprechens und Betrugs** angezeigt. Er soll in der Fabrik arbeiten und den Schaden wieder gutmachen. Shui Ta kommt durch Sun dahinter, dass der Aufseher, der frühere Arbeitslose, Geld veruntreut und lässt ihn zur Belohnung aufsteigen. Als neuer Aufseher treibt Sun jetzt die Arbeiter an. Sie singen das „Lied vom achten Elefanten". Suns Mutter ist Shui Ta dankbar, dass er Sun durch Arbeit zu einem guten Menschen gemacht hat.

Das Teppichhändlerpaar hat die geliehenen 200 Silberdollar zurückbekommen und will sich bedanken, findet aber nur Shui Ta vor. Inzwischen im siebten Monat schwanger, macht sich Shen Te unter der Maske von Shui Ta Sorgen, wie es weitergehen soll. Sun bemerkt Shui Tas verändertes Verhalten. Er schreibt Reizbarkeit und Melancholie geschäftlichen Problemen zu: Die Polizei will die Fabrik wegen Überbelegung schließen. Wang verbreitet Gerüchte, die darauf beruhen, dass trotz Shen Tes Abwesenheit die **tägliche Reisverteilung an Bedürftige** wieder stattfindet. Als er Shen Tes Schwangerschaft preisgibt, fühlt sich Sun hereingelegt. Er beschuldigt Shui Ta, Shen Te gefangen zu halten, und droht mit der Polizei. Auch Shu Fu setzt Shui Ta unter Druck und will nur noch mit Shen Te reden. Die Hausbesitzerin will Sun als Prokuristen für sich arbeiten lassen. Von allen Seiten unter Druck gesetzt, erklärt Shui Ta, das Unternehmen an Shen Te abzutreten. Die Polizei findet Shen Tes Kleidung und **Shui Ta wird verhaftet**.

Szene 9: Shen Te's Tabakladen

Letztmalig erscheinen die Götter Wang im Traum. Er unterrichtet sie über das Geschehen. Die Götter sind bei ihrer Suche nach guten Menschen erfolglos und halten sich an Shen Te. Sie streiten sich über die Gründe dafür, dass sie nur einen Menschen gefunden haben.

Zwischenspiel: Wangs Nachtlager

Stichwörter/wichtige Textstellen:
Die Eindrücke der Götter von ihrer Reise sind niederschmetternd: „Unsere ganze Suche ist gescheitert. Wenig Gute fanden wir, und wenn wir welche fanden, lebten sie nicht menschenwürdig" (S. 130). Sie sind verzweifelt und setzen ihre Hoffnung auf Shen Te, doch sie ist verschwunden: „Dann ist

2.2 Inhaltsangabe

alles verloren" (S. 130). Der dritte Gott zieht Bilanz: „Die Leute haben genug zu tun, nur das nackte Leben zu retten. Gute Vorsätze bringen sie an den Rand des Abgrunds, gute Taten stürzen sie hinab" (S. 131). Über die Gründe dafür sind die Götter zerstritten. Um so wichtiger ist, den einen guten Menschen zu finden: „Haben wir nicht gesagt, daß alles noch gut werden kann, wenn nur einer sich findet, der diese Welt aushält, nur einer?!" (S. 131).

Szene 10: Gerichtslokal

Die **Gerichtsverhandlung** gegen Shui Ta, der beschuldigt wird, Shen Te beseitigt zu haben, wird statt des planmäßigen Richters von den Göttern in Richterroben geführt. Zu Gunsten von Shui Ta sagen der Polizist, der Barbier Shu Fu und die Hausbesitzerin aus, gegen ihn treten der Wasserverkäufer Wang, das erste Paar, die Schwägerin und eine Prostituierte auf. Shui Ta weist alle Vorwürfe zurück. Die Verhältnisse hätten sein Eingreifen erfordert, alle Beschuldigungen beruhten auf Eigennutz der Betroffenen. Sun entlastet ihn, für Shen Tes Tod verantwortlich zu sein. Nach Räumung des Saals nimmt Shui Ta, der die Götter erkannt hat, die Maske ab und gibt sich als Shen Te zu erkennen. Sie erklärt die **Doppelrolle** mit der **Unmöglichkeit, in einer Welt von Not und Elend gut zu sein**. Die Götter wollen jedoch nicht zugeben, dass die Aufgabe zu groß ist oder die Welt geändert werden muss. Sie entschwinden auf einer rosa Wolke.

Stichwörter/wichtige Textstellen:
Shui Ta begründet sein Einschreiten („Ich bin nur gekommen, wenn die Gefahr bestand, daß sie ihren kleinen Laden verlor. Ich mußte dreimal kommen. Ich wollte nie bleiben. Die Verhältnisse haben es mit sich gebracht, daß ich das letzte Mal

gebliebenen bin.", S. 135) und warum er nicht gut sein konnte („Gute Taten, das bedeutet Ruin!", S. 137). Shen Te bekennt gegenüber den Göttern ihre Doppelrolle („Ja, ich bin es. Shui Ta und Shen Te, ich bin beides.", S. 139) und beschreibt ihren Zwiespalt („Ich/Weiß nicht, wie es kam: gut zu sein zu andern/ Und zu mir konnte ich nicht zugleich/Andern und mir zu helfen, war mir zu schwer.", S. 139). Die Götter lassen Shen Te mit ihren ungelösten Problemen zurück. Im „Terzett der entschwindenden Götter auf der Wolke" preisen sie den guten Menschen von Sezuan.

Ein Spieler tritt vor den Vorhang und fordert das Publikum auf, sich selbst einen guten Schluss für das Stück zu suchen, da man selbst keinen hat finden können.

> Epilog

Stichwörter/wichtige Textstellen:
Das Drama endet **offen**: „Wir stehen selbst enttäuscht und sehn betroffen/Den Vorhang zu und alle Fragen offen." (S. 144)

2.3 Aufbau

Das Stück *Der gute Mensch von Sezuan* ist dreifach geschichtet.

Dreifache Schichtung

Drei Götter führen eine Untersuchung durch und kommen nach Sezuan. Dort treffen sie Shen Te, die Hauptfigur des Dramas. Sie nehmen an ihrem Schicksal Anteil, weil sie davon eine günstiges Untersuchungsergebnis erhoffen. Im Epilog wird der Sachverhalt dem Publikum zur Beurteilung vorgelegt.

2.3.1 Die Ebene der Götter

Die Götter lösen das Geschehen aus. Sie sind in Ausführung eines Beschlusses auf die Erde gekommen. „In dem Beschluß

Untersuchungsauftrag

hieß es: die Welt kann bleiben, wie sie ist, wenn genügend gute Menschen gefunden werden können, die ein menschenwürdiges Dasein leben können" (S. 10). Unklar ist, welche Versammlung mit welcher Legitimation den Beschluss gefasst hat, er ist an eine Bedingung geknüpft und die sinntragenden Begriffe sind unbestimmt.

Die **Welt**, die in ihrem Status quo erhalten bleiben kann, umfasst begrifflich Größe (z. B. „Weltmacht"), Wirklichkeit („Lauf

Begriffsfeld „Welt"

der Welt"), Raum („Erde", „Weltweite") und Welt im Sinne der Schöpfung („Weltall", „Weltgebäude"). Die feststehenden Wendungen können Vorstellungen aus dem politischen Bereich („freie", „westliche", „östliche", „kommunistische" Welt) oder dem Bereich der Religion („am Ende der Welt") oder Bewertungen („verkehrte Welt") bezeichnen.[9] Dieses **Bedeutungsspektrum** wird im Stück **auf die wirtschaftliche Ordnung eingeschränkt.**

---

9 Vgl. Wehrle-Eggers, *Deutscher Wortschatz. Ein Wegweiser zum treffenden Ausdruck.* 2 Bde. Stuttgart/1961 u. ö. Siehe unter *Welt*.

Für die Fortdauer der Welt müssen „genügend gute Menschen" gefunden werden. Der Begriff „gut" entstammt dem Gebiet des Wollens und gehört in unterschiedliche Begriffsfelder: Genüge (anständig, befriedigend), Vortrefflichkeit (bestmöglich, trefflich), Billigung (beifällig) und Tugend (edel, fromm, gerecht, echt, wahr, rein). Im Begriff „gut" kommen der auf einen Nutzen zielende Wille (Genüge, Vortrefflichkeit), sittliche Empfindungen (Billigung) und sittliche Forderungen zusammen.[10] Je nach Begriffsfeld wird dabei entweder der Träger des Willens oder der Beurteiler stärker akzentuiert. Die Vorstellung des zielgerichteten Willens wird durch die unbestimmte Ergänzung „genügend" unterstützt.[11] Der Begriff „menschenwürdig" steht mit „rühmlich", „ruhmvoll", „ruhmwürdig" zusammen im Begriffsfeld „Ehre".[12] Der Einengung des Begriffs „Welt" auf die Wirtschaftsordnung entspricht der **Blick auf die wirtschaftlichen Grundlagen** des Lebens und die Einstellung der Götter dazu.

Begriffsfeld „gut"

Bedingungen

Der Status quo wird abhängig gemacht von zwei Bedingungen, die gedanklich durch ‚und' verbunden sind. Die zu findenden Menschen sollen „gut" sein und „menschenwürdig" leben. Beide Bedingungen unterliegen dem Willen und Gefühl dessen, der gesucht wird, und der Bewertung dessen, der ihn findet. Es kommt hinzu, dass auch noch unbestimmt von „genügend" guten Menschen die Rede ist, die zu finden sind. Die Beschlusslage eröffnet einen breiten Beurteilungsspielraum. Die beiden Bedingungen erweisen sich im Stück als **wechselseitig ausschließend**, da Welt hier als **Raum wirtschaftlichen Handelns** der Menschen verstanden wird.

---

10 Ebd. siehe unter *gut*.
11 Ebd. siehe unter *genügend*.
12 Ebd. siehe unter *menschenwürdig*.

2.3 Aufbau

Die Götter selbst stoßen durch die Bezahlung ihres Nachtlagers die Handlung an.

> „Der erste Gott zu Shen Te verlegen: *Wir hören, du hast deine Miete nicht zusammen. Wir sind keine armen Leute und bezahlen natürlich unser Nachtlager! Hier! Er gibt ihr Geld. Sprich aber zu niemand darüber, daß wir bezahlten. Es könnte mißdeutet werden.*" (S. 17)

Die Möglichkeit der Fehldeutung bezieht sich nicht nur auf die Prostituierte Shen Te, sondern auch auf die Götter, die für das gute Handeln des Menschen erst eine Anschubfinanzierung leisten müssen. Danach ziehen sie sich aus dem Geschehen zurück, halten sich aber durch Wang über Shen Te informiert und treten erst am Ende des Stücks wieder auf. Sie sind somit am Anfang und Ende als handelnde Personen gegenwärtig.

Am Ausgang der Untersuchung haben die Götter ein Eigeninteresse. Wenn nicht „genügend gute Menschen" gefunden werden, kann die Welt nicht so bleiben und sie sind überflüssig. Deshalb sind sie bereit, die Bedingung so zu verstehen, dass ein einziger Mensch schon genügend sein soll. Als auch der einzige gute Mensch, dem sie begegnet sind, verschwindet, sind sie ernstlich in Schwierigkeiten. Sie treten am Ende wieder in die dramatische Handlung ein, deuten das Geschehen zu ihren Gunsten und ziehen sich schnell aus der Affäre.

Eigeninteresse der Götter

2.3.2 Die Ebene der dramatischen Handlung

Auf der zweiten Ebene ist die dramatische Handlung angesiedelt, der das Stück seinen Titel verdankt. Hauptfigur ist Shen Te. Sie ist

Sezuan Handlung

2.3 Aufbau

der gute Mensch, dessen Schicksal chronologisch in Bildern dargestellt wird. Sie hat von der Bezahlung der Götter einen Tabakladen erworben und einen großen Vorsatz gefasst. „Gestern bin ich hier eingezogen, und ich hoffe, jetzt viel Gutes tun zu können" (S. 18). Auf der zweiten Ebene wird dargestellt, wie es ihr dabei ergeht. Sie gerät sehr schnell in Schwierigkeiten, weil sie von anderen Menschen ausgenützt wird. Ihrer erwehrt sie sich in der Maske des Shui Ta, ihres angeblichen Vetters. Er verfügt über die notwendige Härte, um die Menschen zu vertreiben. Shen Te und Shui Ta sind in der Doppelrolle komplementär aufeinander bezogen. Trotz aller Bemühungen Shui Tas ist der Tabakladen nicht zu halten. Shen Te verliebt sich in Yang Sun und verliert darüber ihren gesamten Besitz. Zur Heirat kommt es nicht, da Shui Ta nicht kommt, von dem Sun Geld erwartet.

> Doppelrolle

„SHEN TE Mein Vetter kann nicht kommen.
SUN Und ich dachte, er kann nicht wegbleiben.
SHEN TE Wo ich bin, kann er nicht sein.
SUN Wie geheimnisvoll!
SHEN TE Sun, das mußt du wissen, er ist nicht dein Freund. Ich bin es, die dich liebt. Mein Vetter Shui Ta liebt niemand. Er ist mein Freund, aber er ist keiner meiner Freunde Freund. Er war damit einverstanden, daß du das Geld der beiden Alten bekamst, weil er an die Fliegerstelle in Peking dachte. Aber er wird dir die 300 Silberdollar nicht zur Hochzeit mitbringen." (S. 87 f.)

Die deutlichen Gegensätze lassen Shen Tes Dilemma in ihrer Doppelexistenz und Suns Ahnungslosigkeit erkennen. Sie ist in Liebe auf ihn bezogen, er hingegen nur auf das Geld, das er von der Heirat erhofft.

Shen Tes *alter ego*, Shui Ta, betreibt eine Tabakfabrik, in der

2.3 Aufbau

er Sun für sich arbeiten lässt. Indem Sun zu Lasten der anderen Fabrikarbeiter den Nutzen Shui Tas mehrt, macht er sich unentbehrlich und setzt Shui Ta wegen des angeblichen Verschwindens Shen Tes unter Druck. Auch die Götter sind besorgt, da sie ohne Shen Te keine Existenzberechtigung haben. Es kommt zur Gerichtsverhandlung gegen Shui Ta, bei der die Götter den Vorsitz führen. Shen Te bekennt ihre Doppelrolle, weil sie sich nicht anders zu helfen weiß.

Das Schicksal von Shen Te/Shui Ta wird in der Art eines **Bilderbogens** vorgeführt. Jedes Bild verknappt das Geschehen auf das notwendige Maß. Zehn Bilder folgen Schlag auf Schlag und zeigen die Handlungen von Menschen

- auf der persönlichen Ebene (leben und lieben)
- auf der gesellschaftlichen Ebene (arbeiten und wohnen)
- auf der institutionellen Ebene (Polizei, Aufsicht, Gericht)
- auf der wirtschaftlichen Ebene (kaufen und verkaufen).

Das gute Verhalten Shen Tes ereignet sich im Wirtschaftsleben. Es gibt Handel und Produktion und daraus entspringende soziale Probleme (Obdachlosigkeit, Arbeitslosigkeit); es gibt auch menschliches Handeln zwischen Eigennutz und Betrug, Liebe und Ausnutzung des Nächsten.

Der schlicht wirkende Zusammenhang der Bilder wird in Wirklichkeit durch deutlich sichtbare Gestaltungsmittel erstellt. Hier sind außer der bereits erwähnten Chronologie und der Bipolarität der Charaktere (Shen Te/Shui Ta) und der Schauplätze (Tabakladen, Tabakfabrik) **wiederkehrende Motive** zu erwähnen, die zu regelrechten Motivketten verflochten sind: Liebe, Schwangerschaft, Heirat, Liebes- und Vernunftheirat; Darlehen und Scheck; Wasser und Rauch.

2.3 Aufbau

2.3.3 Die Ebene des Zuschauers

Die beiden Ebenen wirken zusammen und zielen auf die dritte Ebene, die der Reflexion des Zuschauers. Hier findet die Interaktion zwischen dem Stück und den Zuschauern statt. Für den Zuschauer werden die beiden Ebenen dargestellt.

> Zuschauer als Bezugspunkt

Die Götter führen eine Untersuchung durch, die durch das „Gerede" ausgelöst ist, „daß es für die Guten auf unserer Erde nicht mehr zu leben ist" (S. 31). Das Gerede soll gestoppt werden. Das Ergebnis der Untersuchung steht daher von Anfang an fest. Auf der dramatischen Handlungsebene werden die Beweise gesammelt. Die Götter suchen nach Bestätigungen, welche die Fortdauer ihrer Existenz legitimieren sollen. Letztlich überprüfen sich die Götter selbst. Sie können nicht zu einem negativen Untersuchungsergebnis kommen.

Die Götter sind ihrerseits Gegenstand einer Untersuchung, die vom Zuschauer durchgeführt wird. Wenn nicht genügend gute Menschen gefunden werden, sind sie überflüssig. Die Ansprache des Zuschauers findet planvoll statt. Die Ebene der Götter und die der in Sezuan stattfindenden dramatischen Handlung weisen durch **Strukturelemente** über sich hinaus.

> Strukturelemente

- Art und Anordnung der Szenen

Zwischen dem **Vorspiel** mit der Ankunft der Götter und dem **Epilog** mit der Aufforderung an die Zuschauer, sich selbst ein Ende zu suchen, werden in der Art eines Bilderbogens zehn Szenen und sieben **Zwischenspiele** vorgeführt. Die Szenen zeigen, wie es dem guten Menschen auf der Erde ergeht; in den Zwischenspielen wird das Geschehen in Wangs Berichten an die Götter

> Bauplan des Stücks

2.3 Aufbau

und Shen Tes Auftritten vor dem Vorhang eingeordnet und gedeutet. In fünf Zwischenspielen erscheinen die Götter Wang im Traum. Während Wangs Berichte sich gleichmäßig über das Stück verteilen, markieren die beiden Auftritte Shen Tes die Mitte des Stücks vor und nach der fünften Szene.

- Einlagen

> Poetisierung

Die Chronologie der Handlung wird durch Sprechen zum Publikum, Poetisierung der Sprache und pantomimische Einlage unterbrochen. Das Geschehen wird kommentiert. Die drei genannten Möglichkeiten verbindet die schwangere Shen Te in eindrucksvoller Weise. Die Regieanweisung „Sie stellt ihren kleinen Sohn dem Publikum vor" (S. 98) leitet die Ansprache an das Publikum ein. Sie fordert es auf in rhythmisierter Prosa auf:

> *„Begrüßt einen neuen Eroberer*
> *Der unbekannten Gebirge und unerreichbaren Gegenden! Einen*
> *Der die Post von Mensch zu Mensch*
> *Über die unwegsamen Wüsten bringt!" (S. 98 f.)*

Die Vorstellung des ungeborenen Sohnes greift den Ereignissen voraus und deutet sie im Lichte der religiösen Vergangenheit. Die erwartete Ankunft wird indirekt mit der Geburt Christi verglichen („Die Welt erwartet ihn im Geheimen. In den Städten heißt es schon: jetzt kommt einer, mit dem man rechnen muß.", S. 98) und in den Bereich von Fortschritt und Technik umgedeutet. Der neue Erdenbürger soll zum humanen Fortschritt des rückständigen Landes beitragen. Die Vorstellung als Flieger greift auf die Handlungsebene mit dem Flieger Sun zurück, die als Eroberer auf die Menschheitsgeschichte.

In einer **Pantomime** lehrt sie ihren Sohn Kirschen zu stehlen. Als vaterloses Kind soll es am Reichtum teilhaben und lernen, wie man das anstellt, ohne von der Polizei erwischt zu werden.

- Lieder

In die Handlungsebene sind fünf Lieder montiert, die das Geschehen zum Stillstand bringen und aus einer anderen Perspektive betrachten. Sie werden jeweils von Personen vorgetragen, die sich in einer aussichtslosen Lage befinden.

Lieder

„Das Lied vom Rauch" (S. 27 f.) wird im Wechselgesang von Personen vorgetragen, die unter Ausnutzung von Shen Tes Hilfsbereitschaft in ihrem Tabakladen Unterschlupf gefunden haben und sich dort an ihren Tabakvorräten ungefragt bedienen. Der Rauch steht für den flüchtigen Genuss und das vergängliche Glück. Das Lied verweist auf Shen Tes Situation. Mit ihrem Laden, den sie mit dem Geld der Götter bezahlt hat, steht sie vor dem Ruin. Gläubiger und Gäste bedrängen sie. Durch ihre Güte und Freundlichkeit ist sie in diese Lage geraten. Auch im Lied führen Tugenden wie Klugheit, Redlichkeit und Fleiß zu nichts, aber auch das Gegenteil bewirkt dasselbe. Die Lage ist aussichtslos.

Die paradoxe Situation Wangs wird im **„Lied des Wasserverkäufers im Regen"** (S. 50 f.) dargestellt. Allein Shen Te kauft ihm Wasser ab.

„Das Lied vom St. Nimmerleinstag" (S. 91 f.) wird von Sun vorgetragen. Seine Hoffnung, wieder eine Anstellung als Flieger zu bekommen hat sich nicht erfüllt. Mit dem Vetter bleibt auch das Geld aus. Die Hochzeit kommt nicht zustande. Seinen Wunsch muss er auf den Sankt Nimmerleinstag verschie-

2.3 Aufbau

ben. Suns Erfahrung wird durch das Lied verallgemeinert. Das **"Lied vom achten Elefanten"** (S. 116 f.) wird von den Arbeitern in Shui Tas Tabakfabrik gesungen, in der Sun als Vorarbeiter den Arbeitstakt vorgibt. Die Lage der Arbeiter wird im Bild der sieben Arbeitselefanten dargestellt. Sie haben einen Wald zu roden und werden dabei vom achten Elefanten, der den Eigentümer des Waldes trägt, angetrieben. Sie lehnen sich ohne Erfolg gegen ihre Situation auf. Der achte Elefant hat als einziger einen Zahn, den er als Waffe gegen die anderen Elefanten im Interesse seines Herrn einsetzt. Der erste Teil der vier Strophen stellt die Situation der Arbeitselefanten dar, der Refrain das Verhalten des Aufsehers und des Eigentümers. Das Lied wird durch Sun verfremdet. Er singt die dritte Strophe mit und erhöht durch Händeklatschen bei der letzten Strophe das Arbeitstempo. Er nimmt damit dem gegen ihn gerichteten Lied die Wirkung.

- Demonstration

Demonstration

Alle bisher angeführten Strukturelemente fließen in der Zwischenszene zwischen der vierten und fünften Szene zusammen. Shen Te tritt in einer Zwischenszene vor den Vorhang. Während sie sich in Shui Ta verwandelt, trägt sie **"Das Lied von der Wehrlosigkeit der Götter und Guten"** (S. 65 f.) vor. Dabei legt sie Anzug und Maske Shui Tas an und nimmt seine Gangart und Stimme an. Die Verwandlung wird den Zuschauern sinnenhaft demonstriert. Die zwei von Shen Te vorgetragenen Strophen stellen die Machtlosigkeit der Guten dar, die von Shui Ta vorgetragene Schlussstrophe die Härte, die in dieser Welt zum Überleben aufgewendet muss. Gemeinsam ist allen Strophen, dass die Götter die guten Menschen im Stich lassen und selber hilflos sind. Die beiden Teile der **Doppelrolle** demonstrieren die Diskrepanz zwischen dem Willen zum Guten und den Zwang zum wirtschaftlichen Handeln. Der gute Mensch wird durch die Beschaffenheit der Welt in ein Dilemma gestellt. Shen Te hat versucht, diesen Konflikt zu lösen, indem sie zwei konträre Individualitäten annahm. Diese Spaltung hält sie während des gesamten Stücks durch. Erst in der Gerichtsverhandlung nimmt sie die Auftrennung in zwei Personen zurück. „Ja, ich bin es. Shui Ta und Shen Te, ich bin beides." (S. 139). Sie stellt dar, wie es zur Spaltung kam, wobei die Sprache rhythmisch gestaltet ist:

„Euer einstiger Befehl
Gut zu sein und doch zu leben
Zerriß mich wie ein Blitz in zwei Hälften. Ich
Weiß nicht, wie es kam: gut zu sein zu andern
Und zu mir konnte ich nicht zugleich
Andern und mir zu helfen war mir zu schwer.
Ach, eure Welt ist schwierig! Zu viel Not, zu viel Verzweiflung!"
(S. 139)

- Gerichtsszene

Die Gerichtsszene nimmt als Strukturelemente die zuvor bezeichneten Intentionen in sich auf. Sie stellt ähnlich wie die Hochzeitsszene ein **Stück im Stück** dar. Darin geht es ebenso wie im Stück insgesamt um die Untersuchung einer Frage. Geht es dort um das Problem der Vereinbarkeit von Gutsein und wirtschaftlichem Handeln, so geht es hier darum, ob Shui Ta Schuld am Verschwinden Shen Tes trägt. Beide Fragen gehören zusammen. Die Frage, die das Gericht untersucht, konkretisiert das

> Doppelrolle

im Stück untersuchte Problem. Der **Doppelrolle** des guten Menschen im Stück entspricht die Rolle des Angeklagten im Gerichtsverfahren. Beide haben ihre Ursache in der Unvereinbarkeit, zu sich und anderen zugleich gut zu sein. Beide Untersuchungen werden von den Göttern durchgeführt. So wie im Stück sind sie auch hier wieder die Untersuchungsführer, obwohl die Untersuchung in Wirklichkeit ihnen gilt. Angesichts dieser doppelten Verfremdung ist kein konventioneller Ausgang der Gerichtsverhandlung bzw. des Stücks möglich. Am Ende wird der Zuschauer aufgefordert, selbst eine Lösung zu finden: „Soll es ein andrer Mensch sein? Oder eine andre Welt?/ Vielleicht nur andere Götter? Oder keine?" (S. 144).

2.3.4 Das Verhältnis der drei Ebenen

Synchronität

Die Vorgänge auf den drei Ebenen verlaufen zeitgleich. Die Götter kommen auf die Erde, halten sich über das Geschehen informiert, nehmen am Ende die Richterrolle an und entschwinden am Ende wieder. Sie führen eine Untersuchung durch, bei der sie zugleich Untersuchungsführer und Beschuldigte sind. Aus dieser Situation können sie nur mit Schaden kommen. Auf der Ebene der dramatischen Handlung wird das Geschehen in Sezuan dargestellt. Durch ihre Güte ist Shen Te hilflos der Selbstsucht einer immer größer werdenden Zahl von Menschen ausgesetzt. Sie versucht, sich dieser Bedrängnis zu entziehen, indem sie in einer Doppelrolle agiert. Beide Ebenen sind miteinander verknüpft. Die Götter treten am Anfang und Ende des Stücks auf und erscheinen in den Zwischenszenen in Wangs Träumen. Beide Ebenen zielen auf den Zuschauer. Ihm wird durch das Geschehen auf den beiden Ebenen und ihre Zuordnung dieselbe Frage vorgelegt, welche die Götter untersuchen und die Shen Te existenziell bedrängt. Ihre Überforderung wird durch die Doppelrolle, die Angeklagtenrolle Shui Tas und das erbärmliche Verhalten der Götter demonstriert. Immer wieder wird der Zuschauer durch poetische Einlagen, Lieder und direkte Ansprachen zum Urteil aufgefordert. Demselben Zweck dient die Gerichtsverhandlung. Der Zuschauer soll zu Gericht sitzen. Auf Grund des Verfahrens kann der Zuschauer nur zu dem Urteil kommen, dass es einen Antagonismus zwischen Gutsein und wirtschaftlichem Handeln gibt, den nur eine andere Wirtschaftsordnung überwinden kann. Die Untersuchungsfrage und das Beweismaterial lassen keinen anderen Schluss zu. Die Schlussfolgerung, die durch das Stück nahe gelegt wird, zielt auf die gesellschaftliche Wirklichkeit des Zuschauers. Er soll die im Stück demonstrierten Verhältnissen mit seinen Erfahrungen vergleichen und sie darin wiedererkennen. Das Urteil über die dargestellten Verhältnisse soll er auf seine gesellschaftliche Wirklichkeit übertragen.

Urteil des Zuschauers

2.4 Personenkonstellation und Charakteristiken

Gesellschaftlicher Entwicklungsstand

Die im Stück dargestellte Gesellschaft in Sezuan befindet sich auf einem **vorindustriellen Entwicklungsstand.** Not und Elend werden durch Naturkastastrophen und Mangel an Erwerbsmöglichkeiten verursacht. Hunger, Arbeitslosigkeit und Geldsorgen bestimmen das tägliche Leben der Personen. Es gibt einige Anzeichen von beginnender **Industrialisierung**, doch werden dadurch die ärmlichen Lebensverhältnisse der Menschen nicht geändert. Es gibt eine Zementfabrik, deren Arbeiter jedoch wegen des geringen Einkommens nicht als Kunden für Shen Tes Tabakladen in Frage kommen. Shui Ta eröffnet eine Tabakfabrik, doch die Arbeiter werden zur Arbeit angetrieben. Die Arbeitsbedingungen sind allein auf die Gewinnerhöhung für den Eigentümer abgestellt. Bei ihrer Wanderung durch die Provinz Sezuan bemerken die Götter den Verbrauch von natürlichen Ressourcen durch Elektrifizierung und Fabrikproduktion.

In dieser Situation sind alle Anstrengungen der Menschen darauf gerichtet durchzukommen. In jeglicher Form sind sie auf ihren Vorteil bedacht. Der Umgang der Menschen reduziert sich auf **Handel**

Rolle des Geldes

und Geschäft. Das Geld, das man nicht hat, aber braucht, spielt eine allgegenwärtige Rolle. Das Geld beschäftigt als Bezahlung, Scheck, Miete, Vorauszahlung, Kredit die Menschen und treibt sie an. Um zu Geld zu kommen, wird alles zur Ware, auch die Liebe. Alle Bemühungen zielen nur auf die unmittelbare Gegenwart; für die Zukunft ergeben sich keine Perspektiven.

Die dargestellte gesellschaftliche Ordnung in Sezuan besteht aus Besitzlosen und Besitzenden; dazwischen besteht in bei-

2.4 Personenkonstellation und Charakteristiken

den Richtungen **soziale Mobilität**.

```
Shu Fu, Barbier  ─┐                               ┌─ Shen Te/Shui Ta
                   ├─ Besitzende     Aufsteiger ──┤
Mi Tzü, Hausbesitzerin ─┘                         └─ Sun

Polizist ──────── Gesellschaftsaufbau ──────── Götter
                  in Sezuan

Wang ─┐                                           ┌─ Teppichhändlerehepaar
Großfamilie ─┤                                    │
Die Shin ────┤─ Besitzlose        Absteiger ──────┤
Der Arbeitslose ─┘                                └─ Lin To, Schreiner
```

Abbildung 1: Gesellschaftsstruktur in Sezuan

In einer Gesellschaft, in der jeder auf seinen Vorteil bedacht ist, ist der Gute hilflos. Das ist die erste Erfahrung, die Shen Te als Ladenbesitzerin macht.

Für den Vorteil verfügen Besitzende und Besitzlose gleichermaßen über ein differenziertes **Verhaltensrepertoire**. So werden u. a. Betrug, Übervorteilung, Bestechung, Schmeichelei, Anschwärzen, Drohung und Gewalt genutzt.

> Strategien zur Erlangung des eigenen Vorteils

Besondere Anstrengungen muss unternehmen, wer gesellschaftlich aufsteigen will. Solidarität gibt es in einer solchen Gesellschaft nicht. Jeder ist sich selbst der Nächste. Hilfreich ist es dabei, die **öffentliche Ordnung** in Form von **Polizei** und **Moral** auf der eigenen Seite zu haben. In diesem Zusammenhang hat die Moral die Aufgabe, die Verhaltensweisen respektabel zu machen.

Die dichotomisch organisierte Gesellschaft im Stück entspricht der Darstel-

> Kapitalismus

2.4 Personenkonstellation und Charakteristiken

lung der kapitalistischen Gesellschaftsordnung durch den Marxismus. Danach gibt die Verfügung über Eigentum im Sinne von Produktionsmitteln bzw. Kapital den Ausschlag darüber, wohin der Einzelne gehört und wie er denkt. Die kapitalistische Wirtschaftsordnung führt zu Armut und Entfremdung. Die wirtschaftliche Dynamik führt zwangsläufig zu Konzentrationsprozessen. Kriege sind letztlich auch ein Ausdruck von wirtschaftlichen Verteilungskämpfen. Darauf wird angespielt, als die Götter „einen Donner von Kanonen" (S. 131) hören.

2.4.1 Die Götter

Vor diesem Hintergrund ist die Ankunft der Götter in Sezuan zu sehen. Sie haben einen **Auftrag** zu erfüllen:

> „Seit zweitausend Jahren geht dieses Geschrei, es gehe nicht weiter mit der Welt, so wie sie ist. Niemand auf ihr könne gut bleiben. Wir müssen jetzt endlich Leute namhaft machen, die in der Lage sind, unsere Gebote zu halten." (S. 10)

Die Götter stehen unter Druck. Wenn sie nachweisen können, dass es möglich ist, als guter Mensch zu leben, haben sie ihre **Existenzberechtigung**. Der Auftrag ist daher in ihrem Interesse. Die Frage nach dem Sinn des Leids, welche die Menschheit immer schon bewegt hat, wird von ihnen auf „Geschrei" (S. 10) und „Gerede" (S. 30) verkürzt, die sie mit ihrer Untersuchung unterbinden wollen. Dafür brauchen sie einen Beleg. An den Problemen der Menschen sind sie nicht interessiert. Daher speisen sie Shen Te, die sich zu den Geboten bekennt und sie gern halten würde, mit Sprüchen ab (S. 16) und wollen sich schnell aus dem Staube machen. Deshalb

Interesse der Götter an der Untersuchung

2.4 Personenkonstellation und Charakteristiken

halten sie sich von den Menschen fern. Sie haben nur am Anfang und am Ende des Stücks mit ihnen Kontakt. Im Verlauf des Stücks erscheinen sie nur dem Wasserverkäufer Wang im Traum. Den Auftritt in der Gerichtsszene unternehmen sie nur, weil mit Shen Te ihre Aussicht auf ein positives Untersuchungsergebnis geschwunden ist. Zwar wird dieses Problem durch Shen Tes Bekenntnis gelöst, dass sie die Doppelrolle unter dem Druck der Verhältnisse angenommen habe. Doch mit ihrer Beichte konfrontiert sie die Götter erneut mit dem zu Grunde liegenden Problem:

„Euer einstiger Befehl
Gut zu sein und doch zu leben
Zerriß mich wie ein Blitz in zwei Hälften." (S. 139)

Ähnlich wie am Anfang des Stücks befreien sich die Götter aus der Situation durch Gerede und Flucht aus der Situation. Sie entschwinden auf einer rosa Wolke und hinterlassen Shen Te trostlose Floskeln. Doch anders als am Anfang ist die **Blamage der Götter** unübersehbar. Während sie dort gut situiert sind („Sie sind wohlgenährt, weisen keine Zeichen irgendeiner Beschäftigung auf und haben Staub auf den Schuhen, kommen also von weit her." S. 8), sind sie hier sichtlich ramponiert:

> Flucht der Götter

„Sie haben sich sehr verändert. Unverkennbar sind die Anzeichen langer Wanderung, tiefer Erschöpfung und mannigfaltiger böser Erlebnisse. Einem ist der Hut vom Kopf geschlagen, einer hat ein Bein in der Fuchsfalle gelassen, und alle drei gehen barfuß."
(S. 130)

Im Verhalten der Götter wird das antike dramatische Mittel

2.4 Personenkonstellation und Charakteristiken

des *deus ex machina* in parodistischer Weise in sein Gegenteil verkehrt. Dort

> *„erscheint der Gott am Schluss als ein von außerhalb des Dramas kommender Löser der Verstrickungen, die durch die Personen des Stücks nicht zu lösen sind. Auf der Flugmaschine lässt er sich herab und ordnet die verfahrene Lage. Zwar treten auch hier die Götter von außen heran, doch sie wissen keine Lösung und lassen die Menschen im Stich, sie entfernen sich himmelan auf ihrer rosa Wolke."*[13]

Interessenlage der Götter

Eine Lösung des Problems und eine Hilfe für die Menschen sind nach der eigennützigen Interessenlage der Götter nicht zu erwarten. Die drei Götter treten gemeinsam auf und haben dasselbe Untersuchungsinteresse. Dementsprechend tragen sie einige Verse gemeinsam vor. So tadeln sie Wang für seine Kleingläubigkeit (S. 30 f.) und tragen das „Terzett der entschwindenden Götter auf der Wolke" (S. 142 f.) vor. Die gemeinsam vorgetragenen Texten sind jedoch umfangmäßig gering im Vergleich zu den Texten, die jeder Gott allein vorträgt. Den größten Anteil hat

Erster Gott

der erste Gott. Er bestreitet mehr als die Hälfte des **Redeanteils** der Götter (59 v. H.). Damit wird seine **Wortführerrolle** auch von der Textlänge her unterstrichen. Er ergreift als erster bei der Ankunft in Sezuan das Wort (*„erfreut*: Werden wir hier erwartet?", S. 8) und ist Vorsitzender in der Gerichtsverhandlung. Dabei hat er das erste und das letzte Wort. Mit allen Mitteln vertritt er die Autorität der Götter. Er ist zuversichtlich, dass zumindest ein guter Mensch gefunden werden kann, und ist

---

13 Klotz, S. 18.

2.4 Personenkonstellation und Charakteristiken

entschlossen, einen guten Menschen zu finden. Deshalb ist er über Wangs Berichte erfreut. Gegenüber den anderen Göttern, die seinen Optimusmus nicht teilen, fühlt er sich dadurch bestätigt. Mit argumentativem Geschick macht er Tatsachen und Überlegungen unwirksam, die seine Sehweise nicht bestätigen. Er ist am **Prinzip** orientiert. Hinweise auf die Realität lässt er nicht gelten. Dass Shen Tes Wohltaten ins Geld gehen und dass Shui Ta den Schreiner nicht bezahlte, werden mit grundsätzlichen Bemerkungen (S. 53 und 55) abgetan. Als das Scheitern der Untersuchung ersichtlich ist, schreibt er die Schuld den Menschen zu: „die Menschen sind nichts wert." (S. 131). Es kann nicht sein, was nicht sein darf:

> *„Sollen wir eingestehen, daß unsere Gebote tödlich sind? Sollen wir verzichten auf unsere Gebote? Verbissen: Niemals! Soll die Welt geändert werden? Wie? Von wem? Nein, es ist alles in Ordnung!" (S. 140 f.)*

Seine Funktion als Vorsitzender nutzt er, um die Verhandlung zu schließen („Er schlägt schnell mit dem Hammer auf den Tisch.", S. 141) und gibt das Zeichen zum Aufbruch. Als sich seine unwirkliche Sehweise als Illusion herausstellt, will er sich durch ein Machtwort und leere Sprüche davonstehlen. Für die ruinierte Shen Te ist seine Ermahnung blanker Hohn: „Sei nur gut, und alles wird gut werden!" (S. 141)

Der zweite Gott beurteilt die Lage ohne Illusionen. Entschieden weist er Wangs Einschätzung zurück, dass mangelnde Gottesfurcht die Überschwemmungen in der Provinz verursacht: „Unsinn! Weil sie den Staudamm verfallen ließen." (S. 9) Mit derselben Entschiedenheit bezeichnet er Wang als Betrüger (S. 10), als er bemerkt, dass Wangs Messbecher einen doppelten Boden hat.

Zweiter Gott

2.4 Personenkonstellation und Charakteristiken

Seine Urteile sind rigoros ohne Ansehen der Person und der Situation. Pragmatische oder gar opportunistische Überlegungen kommen ihm nicht in den Sinn. Als er hört, dass der Schreiber Lin To nicht bezahlt wurde, reagiert er mit Unverständnis:

> *„Ganz gleich, man bezahlt, was man schuldig ist. Schon der bloße Anschein von Unbilligkeit muß vermieden werden. Erstens muß der Buchstaben der Gesetze erfüllt werden, zweitens ihr Geist." (S. 54)*

Damit urteilt er ungerecht über Shen Te. Die konkreten Umstände werden nicht berücksichtigt. Desgleichen lehnt er es ab, Shen Te, die ihre Notlage geschildert hat, zu helfen, weil die Gefahr der Fehldeutung besteht (S. 16). Angesichts der **Rigorosität seines Urteils** können die Menschen gemessen an seinen Ansprüchen nur scheitern. Deshalb sieht er den Grund für das negative Untersuchungsergebnis in der Schwäche der Menschen (S. 131).

Dritter Gott

In Shen Tes Notsituation erweist sich der dritte Gott als menschenfreundlich. Er sorgt zusammen mit dem ersten Gott dafür, dass sie eine großzügige Geldsumme erhält, die als Entgelt für das Nachtquartier ausgegeben wird. Bedenken hat er deswegen nicht. Er bringt den Menschen gegenüber viel Verständnis auf. Er vermittelt zwischen den Göttern, die mit pragmatisch-argumentativem Geschick oder mit Rigorosität ihre Gebote befolgt sehen wollen, und den Menschen mit ihren beschränkten Möglichkeiten. Für das Scheitern der Untersuchung sucht er den Grund nicht bei den Menschen. „Die Welt ist unbewohnbar, ihr müßt es einsehen!" (S. 131) Im Vergleich zu den ersten beiden Göttern ist er den Menschen am nächsten. Beim

2.4 Personenkonstellation und Charakteristiken

Einzug der Richter lächelt er Wang zu. Er hat ihn zuvor von der Forderung abgebracht, die Vorschriften herabzumindern, weil dies in Wirklichkeit eine Erschwernis für die Menschen bedeutet hätte.

Trotz der dargestellten individualisierenden Unterschiede ist den Göttern gemeinsam, dass sie eine Untersuchung durchführen, an deren Ende die Erneuerung ihrer Existenzberechtigung stehen soll.

Die Untersuchung der Götter ist von Anfang an zum Scheitern bestimmt. Indem die Götter die Welt und die Menschen untersuchen, untersuchen sie sich selbst. Sie entlarven sich auf ihre Art als ebenso selbstsüchtige Wesen wie die Menschen, die nur auf ihren Vorteil aus sind. Da sie sich nicht selbst als Schuldige bekennen wollen, können sie sich nur bis auf die Knochen blamiert davonstehlen. Nicht die Götter helfen den Menschen, sondern die Menschen helfen den Göttern. Wang hat Schwierigkeiten, den Göttern eine Unterkunft zu verschaffen und preist sie erfolglos wie eine Ware an.

> *„Greifen Sie um Gottes willen zu! Es ist eine einmalige Gelegenheit! Bitten Sie die Götter zuerst unter Ihr Dach, bevor sie Ihnen jemand wegschnappt, sie werden zusagen." (S. 11)*

Die Götter, die beanspruchen, dass die Menschen ihre Gebote befolgen, unterliegen den Gesetzen des Marktes.

> Götter unterliegen den Gesetzen des Marktes

Sie werden als Ware verhökert. Nur Shen Te weicht davon ab und nimmt sie unter finanziellem Verzicht auf. Die Götter müssen durch die Bezahlung des Nachtquartiers ihre eigene Untersuchung erst finanziell anstoßen. Sie sind allein auf Shen Te angewiesen, haben von ihrem Schicksal keine eigene Kenntnis und sind auf Wangs Berichte angewiesen. In Brechts Ge-

2.4 Personenkonstellation und Charakteristiken

staltung der Götter fließen hohe und niedrige Burleske zusammen. Der Burleske liegt das herkömmliche Konzept zu Grunde: „Seit zweitausend Jahren geht dieses Geschrei, es gehe nicht weiter mit der Welt, so wie sie ist. Niemand auf ihr könne gut bleiben." (S. 10) Das Stück stellt sich auf diese Grundlage und führt die Untersuchung scheinbar offen durch. Doch so wie die Gesellschaft auf die Wirtschaftsordnung verkürzt wird, in der die Menschen nur auf ihr Überleben und ihren Vorteil bedacht sind, so sind auch die Götter nur darauf angelegt, ihre Existenzberechtigung nachzuweisen. An dieser Aufgabe müssen sie scheitern. Je länger sie an ihrem Anspruch festhalten, desto lächerlicher machen sie sich. „Die Götter in Brechts Stück tendieren von Anfang an zur farcenhaften Auflösung ihrer selbst".[14]

2.4.2 Shen Te/Shui Ta

Shen Te als Teil der Doppelrolle

Bezeichnenderweise werden die Götter von Shen Te aufgenommen, die als Prostituierte am Rande der Gesellschaft steht, während alle anderen von Wang angesprochenen Personen die Aufnahme ablehnten. Sie gehört zu den Besitzlosen und verkörpert dadurch, dass sie gezwungen ist, sich selbst zur Ware zu machen, das Prinzip der Gesellschaft, in der Handel und Geschäft, Geld und Ware bestimmend sind. Durch ihre Güte und Hilfsbereitschaft ist sie jedoch eine Ausnahmeerscheinung, die sich von der durch Selbstsucht charakterisierten Gesellschaft umso deutlicher abhebt. Ihre Schwäche macht sie zur leicht ausrechenbaren Person, nachdem Wang sich nur Absagen eingehandelt hat: „Jetzt bleibt nur noch die Prostituierte Shen Te, die kann nicht nein sagen." (S. 12) Zwar

---

14 Ueding, S. 181.

2.4 Personenkonstellation und Charakteristiken

unterliegt auch sie den wirtschaftlichen Zwängen, aber bei Wangs Verkaufsargument („In solch einem Augenblick darf man nicht rechnen.", S. 13) ist sie bereit zu helfen. Die Götter, die auf die Hilfe des Menschen angewiesen sind, treffen in Shen Te auf einen von Natur aus hilfsbereiten Menschen. Ohne an Nutzen oder Vorteil zu denken, folgt sie ihrem natürlichen mitmenschlichen Impuls. Shen Te weist die Götter von Anfang an darauf hin, dass sie nicht der gute Mensch ist, den sie suchen.

„Halt, Erleuchtete, ich bin gar nicht sicher, daß ich gut bin. Ich möchte es wohl sein, nur, wie soll ich meine Miete bezahlen? So will ich es euch denn gestehen: ich verkaufe mich, um leben zu können, aber selbst damit kann ich mich nicht durchbringen, da es so viele gibt, die dies tun müssen. Ich bin zu allem bereit, aber wer ist das nicht? Freilich würde ich glücklich sein, die Gebote halten zu können der Kinderliebe und der Wahrhaftigkeit. Nicht begehren meines Nächsten Haus, wäre mir eine Freude, und einem Mann anhängen in Treue, wäre mir angenehm. Auch ich möchte aus keinem meinen Nutzen ziehen und den Hilflosen nicht berauben. Aber wie soll ich dies alles? Selbst wenn ich einige Gebote nicht halte, kann ich kaum durchkommen." (S. 16)

Doch die Götter gehen auf ihre Beichte nicht ein. Der erste Gott reagiert mit einer allgemeinen Feststellung, und indem sie für ihr Nachtquartier bezahlen, glauben sie sich mit ihrer Untersuchung auf einem guten Weg. Die Konstellation ist am Anfang dieselbe wie am Ende. Shen Te beichtet, dass sie in dieser Welt nicht zu sich **und** anderen gut sein konnte. Doch die Götter speisen sie mit allgemeinen Reden ab und machen sich auf der rosa Wolke davon.

Die Welt ist in der Darstellung des Stücks so angelegt, dass

2.4 Personenkonstellation und Charakteristiken

> Markt und Menschlichkeit schließen sich aus

Markt und Menschlichkeit nicht zusammenpassen. Shen Te befindet sich in einem Dilemma. Wenn sie ihrem Impuls zu helfen folgt, ruiniert sie sich. Wenn sie aber die wirtschaftliche Grundlage wahren will, kann sie nicht gut sein. Beides schließt sich wechselseitig aus. Der Erwerb des Tabakladens soll sie in die Lage versetzen, „jetzt viel Gutes tun zu können" (S. 18). Sogleich spendet sie Reis und gewährt Obdach. Dadurch gefährdet sie ihre wirtschaftliche Grundlage, zumal sie auch noch für die Schulden der Vorgängerin in Regress genommen wird. Sie hilft allen Menschen selbst dann, wenn sie von ihnen schlecht behandelt wird. Sie lässt sich bedrohen, beschimpfen und betrügen, ohne ihnen deswegen böse zu sein. Sie denkt nur an andere, sieht hinter die Fassade der Menschen und hilft ihnen, weil sie weiß, warum sie so handeln. Wegen ihrer Wohltaten wird sie als „Engel der Vorstädte" (S. 54) bezeichnet.

Weil sie selbst bedenkenlos hilft, ist sie bestürzt, als sie fehlende Solidarität feststellt: „Wenn in einer Stadt ein Unrecht geschieht, muß ein Aufruhr sein" (S. 61). Sie ist auch bereit, selbst Hilfe anzunehmen, als ihr das Teppichhändlerehepaar die Mietvorauszahlung ohne schriftlichen Beleg leihen, und bringt ihre Wohltäter und sich selbst in Schwierigkeiten, als sie das Geld aus Liebe an Sun weitergibt.

Zweimal gerät sie auf Grund ihrer natürlichen Anlage zur Hilfe in eine aussichtslose Lage. Beim ersten Mal ruiniert sie sich durch ihre Freigiebigkeit (Reisspende, Obdach, Kauf von Wasser bei Regen): „Kaum eröffnet, ist er schon kein Laden mehr!" (S. 28). Beim zweiten Mal bringt sie die Liebe zu Sun in Schwierigkeiten. Sie rettet ihn vor dem Selbstmord. Sie interessiert sich für sein Schicksal, sieht in ihm einen Helden und leiht ihm das Geld, das sie selbst braucht. Sie verliebt sich in ihn

2.4 Personenkonstellation und Charakteristiken

und hält zu ihm, obgleich sie weiß, dass er sie nur ausnutzt.
Beidesmal steht ihr Shui Ta bei. Beim ersten Mal kann er den Laden noch retten, doch gegen Sun kommt er nicht an. Zwischen Shui Ta und Sun kommt es zu einem Machtkampf, den Shui Ta nicht gewinnen kann.
Bezeichnenderweise ist die Figur Shui Ta eine Anregung der obdachlosen Großfamilie, die Shen Te aufgreift, als ihr die Ausgaben für ihre Wohltaten über den Kopf wachsen. Die Teile der Doppelrolle Shen Te und Shui Ta ergänzen sich. Shui Ta hat diejenigen Eigenschaften, die Shen Te fehlen.

> Shui Ta als Teil der Doppelrolle

Er verfügt über diejenigen charakterlichen Voraussetzungen und Verhaltensweisen, mit denen man sich im Markt behaupten kann. Als er zur Überraschung der obdachlosen Großfamilie im Laden auftaucht, tritt er ruhig und überlegen auf. Er ist gegenüber den Obdachlosen verbindlich, aber bestimmt.

> *„Meine Kusine bedauert natürlich, das Gebot der Gastfreundschaft nicht halten zu können. Aber Sie sind leider zu viele! Dies hier ist ein Tabakladen, und Fräulein Shen Te lebt davon." (S. 33)*

Er gibt sich den Anschein, auf den Schreiner und seine Notlage einzugehen, in Wirklichkeit bringt er ihn um seine Einnahme (S. 34). Kaltschnäuzig und strategisch denkend, indem er die Polizei einbezieht, räumt er den Laden und bespricht mit dem Polizisten seine Situation.
Er verfügt über Einfühlungsvermögen. Er versetzt sich in eine Person hinein und gibt ihr das Gefühl, dass sie ernst genommen wird. So tritt er der Polizei gegenüber als „Stütze der Ordnung" (S. 40) auf und äußert sich in ihrer Denkweise von *law and order*:

2.4 Personenkonstellation und Charakteristiken

> „Herr, um diesen kleinen Laden zu retten, den meine Kusine als ein Geschenk der Götter betrachtet, bin ich bereit, bis an die äußerste Grenze des gesetzlich Erlaubten zu gehen. Aber Härte und Verschlagenheit helfen nur gegen die Unteren, denn die Grenzen sind klug gezogen. Mir geht es wie dem Mann, der mit den Ratten fertig geworden ist, aber dann kam der Fluss!" (S. 40 f.)

Die Hausbesitzerin Mi Tzü spricht er auf subtilere Weise an. Rhetorisch geschickt verwandelt er einen Nachteil in einen Vorteil. Shui Ta bezeichnet Shen Tes Gastfreundschaft gegenüber den Obdachlosen als „unverzeihlichen Fehler" (S. 39) und verspricht, dass sie sich bessern werde. Dieser Gedanke wird sogleich in einen angeblichen Vorteil für die Hausbesitzerin Mi Tzü gewendet:

> „Andererseits, wie könnten Sie einen besseren Mieter finden, als einen der die Tiefe kennt, weil er aus ihr kommt? Er wird sich die Haut von den Fingern arbeiten, Ihnen die Miete pünktlich zu bezahlen, er wird alles tun, alles opfern, alles verkaufen, vor nichts zurückschrecken und dabei wie ein Mäuschen sein, still wie eine Fliege, sich Ihnen in allem unterwerfen, ehe er zurückgeht dorthin. Solch ein Mieter ist nicht mit Gold aufzuwiegen." (S. 39)

Der zu bessernde Mensch wird auf argumentativem Weg zum besseren Mieter. Der gute und für den Markt untaugliche Mensch wird durch „Besserung" zum angepassten Wirtschaftssubjekt. In der Rhetorik Shui Tas verwandelt sich Menschlichkeit in Marktfähigkeit.

Zweimal schlüpft Shen Te in die Maske des Shui Ta. Beim ersten Mal gelingt es Shui Ta noch, ihren Laden zu erhalten. Beim zweiten Mal gelingt das nicht mehr. Shen Tes Liebe zu

2.4 Personenkonstellation und Charakteristiken

Sun, die er nicht erwidert, schwächt Shui Ta, und er verliert das Gesetz des Handelns: „Der Laden ist weg! Er liebt nicht! Das ist der Ruin. Ich bin verloren!" (S.73) Shui Ta, der in dieser Situation eine Vernunftheirat zwischen Shen Te und dem reichen Barbier Shu Fu erwägt, wird durch Sun ausmanövriert. Sun nutzt Shen Tes Liebe zu ihm brutal zur Verfolgung seiner eigenen Ziele aus.

Zwischen Shui Ta und Sun kommt es zu einem Machtkampf, den Shui Ta nicht gewinnen kann. Die Gründe

> Machtkampf zwischen Shui Ta und Sun

dafür sind vielfältig. Shui Ta ist die Rolle, in die Shen Te unter den Belastungen, welche die Reduzierung der Menschen auf Wirtschaftssubjekte schafft, hineinschlüpft. „Das Lied von der Wehrlosigkeit der Götter und Guten" (S. 65 f.) führt die Umwandlung von Shen Te in Shui Ta in drei Strophen vor und nennt den Grund dafür. Die erste Strophe stellt Shen Tes Erfahrung dar, dass die Guten ebenso wie die Götter allein zum Untergang bestimmt sind. Die zweite Strophe stellt den Übergang zwischen den beiden Personen dar. Diesem Zwischenzustand entspricht die Erfahrung, dass die Guten Hilfe brauchen, sonst unterliegen sie. In der dritten Strophe ist die Umwandlung vollzogen. Nur mit Härte ist das Leben in dieser Welt möglich. Das Auftreten von Shen Te in der Maske von Shui Ta ist keine Persönlichkeitsspaltung, sondern entspricht der Notwendigkeit zu überleben. Die Verdopplung in zwei polare Personen erweitert die Handlungsmöglichkeiten. Trotz der **Polarität** der beiden Personen sind in Shui Ta noch die Impulse Shen Tes, Gutes zu tun, wirksam. Er versucht vergeblich, bei der Veräußerung des Ladens 200 Silberdollar mehr für die Rückzahlung des vom Teppichhändlerehepaar geliehenen Geldes zu erlösen. Aber Shui Ta gewinnt das Gesetz des Handelns zurück, indem er Sun wegen Bruch des

2.4 Personenkonstellation und Charakteristiken

Eheversprechens und Erschleichung von 200 Silberdollar verklagt. Er lässt ihn in seiner Fabrik arbeiten und zieht ihm den Betrag vom Gehalt ab. Das Teppichhändlerehepaar erhält sein Geld zurück, allerdings kommt die Rückzahlung für die Rettung des Ladens zu spät. Insofern kann sich der gute Mensch auch mit Unterstützung durch Hartherzigkeit, brutaler Strategie und Rhetorik letztlich nicht gegen diejenigen Personen durchsetzen, die sich die Marktgesetze voll zu eigen gemacht haben.

Gründe für Auseinanderbrechen der Doppelrolle

Die Doppelrolle kann nicht durchgehalten werden, weil zunehmend Druck auf Shen Te bzw. Shui Ta ausgeübt wird. Je nach Interessenlage wird der jeweils andere Teil der Doppelperson vermisst. So kommt die Hochzeit mit Sun nicht zustande, weil der Vetter naturgemäß nicht erscheint. Shui Ta gerät unter erheblichen Druck durch Sun wegen der Baracken und der Schwangerschaft Shen Tes, durch die Öffentlichkeit wegen der Abwesenheit Shen Tes, durch Wang wegen der andauernden Reisgaben trotz Shen Tes Abwesenheit und durch den Barbier Shu Fu, der nicht länger hingehalten werden will. Auch wegen der fortschreitenden Schwangerschaft lässt sich die Doppelrolle nicht weiter durchhalten. Shen Te muss Frau Shin ins Vertrauen ziehen.

Die Doppelrolle bricht in der Gerichtsverhandlung auseinander. Der Angeklagte gibt sich als beides zu erkennen:

> *„DER ZWEITE GOTT: Was hast du mit unserm guten Menschen von Sezuan gemacht?*
> *SHUI TA: Dann laßt mich euch die furchtbare Wahrheit gestehen, ich bin euer guter Mensch!*
> *Er nimmt die Maske ab und reißt sich die Kleider weg. Shen Te steht da.*

2.4 Personenkonstellation und Charakteristiken

DER ZWEITE GOTT: Shen Te!
SHEN TE: Ja, ich bin es. Shui Ta und Shen Te, ich bin beides."
(S. 138 f.)

Im Verhör erläutern beide aus ihrer Perspektive das Dilemma. Shui Ta macht deutlich, dass er nur gekommen ist, um die materielle Grundlage von Shen Te zu retten, insgesamt dreimal. Alle Vorwürfe derer, die er deshalb um Shen Tes Wohltaten brachte, beruhen auf Selbstsucht. Er begründet sein Handeln mit der an Shen Tes Schicksal überprüfbaren Einsicht: „Gute Taten, das bedeutet Ruin!" (S. 137) Die wechselseitigen Beschuldigungen werden in knapper Rede und Gegenrede in Prosa vorgetragen. Shen Te dagegen verteidigt sich im Monolog. Sie legt eine umfassende Beichte ab und fordert die Götter auf, sie zu verdammen.

„Verdammt mich: alles, was ich verbrach
Tat ich, meinen Nachbarn zu helfen
Meinen Geliebten zu lieben und
Meinen kleinen Sohn vor dem Mangel zu retten.
Für eure großen Pläne, ihr Götter
War ich armer Mensch zu klein." (S. 140)

Shen Tes Selbstbezichtigung fällt als Anklage auf die Götter zurück: „Etwas muß falsch sein an eurer Welt." (S. 139) Indem sie den Menschen unter konfligierende Ansprüche stellten, brachten sie ihn in ein Dilemma:

„Euer einstiger Befehl
Gut zu sein und doch zu leben
zerriß mich wie ein Blitz in zwei Hälften." (S. 139)

2.4 Personenkonstellation und Charakteristiken

Angesichts dieser Anklage verhalten sich die Götter wie schon in der ersten Begegnung mit Shen Te: Sie gehen nicht auf sie ein und winden sich mit allgemeinen Sprüchen aus der Situation heraus.

2.4.3 Die Besitzlosen
2.4.3.1 Wang, ein Wasserverkäufer

> Zuordnung Wangs zur dramatischen Handlungsebene

Wang ist den verschiedenen Ebenen des Stücks zugeordnet. Als Wasserverkäufer steht er mitten in der Gesellschaft und unterliegt ihren Gesetzmäßigkeiten. Er verkauft einen Rohstoff und ist von der Konjunktur abhängig. Bei Regen kann er nichts verkaufen. Nur bei Dürre kann er etwas absetzen, doch dann ist die Beschaffung mühsam. Mit einem Traggerüst muss die Ware von fern antransportiert werden. Der Wasserverkauf ernährt ihn kaum; mit Betrug versucht er seine Lage zu bessern: sein Messbecher hat einen doppelten Boden. Er stößt die dramatische Handlung an, indem er den Göttern ein Quartier verschafft. Mit naiver Frömmigkeit und Verkaufsverhalten preist er die Götter wie eine Ware an.

> *„Greifen Sie um Gottes willen zu! Es ist eine einmalige Gelegenheit! Bitten Sie die Götter zuerst unter Ihr Dach, bevor sie Ihnen jemand wegschnappt, sie werden zusagen."* (S. 11)

Selbstsucht und Unglaube der Menschen in Sezuan bereiten ihm einen Misserfolg nach dem anderen, die er scheinbar ungerührt hinnimmt. Immer neue Versuche unternimmt er, bis es aus ihm herausbricht:

> *„Die Götter scheißen auf euch! Aber ihr werdet es noch bereuen!*

2.4 Personenkonstellation und Charakteristiken

Bis ins vierte Glied werdet ihr daran abzuzahlen haben! Ihr habt ganz Sezuan mit Schmach bedeckt!" (S. 12)

An ihm zeigen sich die Schwierigkeiten eines Menschen, der den Göttern dient und sich zugleich in der Gesellschaft behaupten muss. Er ist ohne festes Quartier und lebt am Rande der Gesellschaft. Die Erfolglosigkeit bewirkt, dass er sich nur noch an jemanden wenden kann, der im gesellschaftlichen Gefüge unter ihm steht („Jetzt bleibt nur noch die Prositutierte Shen Te, die kann nicht nein sagen.", S. 12). Die Fehlschläge lassen Wang verzagen. Seine Erfolglosigkeit als Geschäftsmann und als Quartiersucher machen Wang verzagt. Er tritt gegenüber den Göttern und den Menschen unterwürfig auf, nimmt unnötig Rücksicht („Sie dürfen von deinem Gewerbe nichts erfahren!", S. 12) und wagt es nicht mehr, den Göttern unter die Augen zu treten, als er fälschlich annimmt, dass ihn Shen Te im Stich gelassen hat. Wang möchte gut handeln, gibt aber unter der Rückwirkung seiner Mitmenschen vorschnell auf. Mit seinem Verhalten zieht er die Überlegenheit der Besitzenden an und wird zum Opfer, als ihm der Barbier mit der Brennschere auf die Hand schlägt. Da er nichts gegen ihn bewirken kann, resigniert er. Wang nimmt jeden Schicksalsschlag ergeben hin und passt sich an die Verhältnisse an. Als Handelnder auf der dramatischen Ebene ist Wang erfolglos.

> Wangs Erfolglosigkeit

Er gehört zugleich der Götterebene an. In den Zwischenspielen nehmen die Götter in Traumbildern Kontakt mit ihm auf und informieren sich über das Schicksal Shen Tes. Im Traum stellen sich die Widrigkeiten der Handlungsebene in einem anderen Licht dar. Die Götter haben doch noch ein Quartier gefunden, und Shen Tes Schwierigkeiten werden Shui

> Wangs Zugehörigkeit zur Götterebene

2.4 Personenkonstellation und Charakteristiken

Ta zugeschrieben („Aber es war nur der Vetter, Erleuchtete, nicht sie selber.", S. 55), und Wang bittet mit Blick auf Shen Tes Dilemma vergeblich um eine Erleichterung der Lebensbedingungen durch „Herabminderung der Vorschriften" (S. 109). Im letzten Zwischenspiel berichtet er den Göttern, dass Shen Te verschwunden ist, und drängt sie zum Eingreifen („Oh, Erleuchtete, ihr müßt sogleich zurückkommen und sie finden.", S. 130). In der abschließenden Gerichtsszene greift er den Barbier Shu Fu an, dem er seine steife Hand verdankt, und setzt Shui Ta unter Druck. Je schwächer die Götter werden, desto mehr setzt er sich für Shen Te ein und trägt dazu bei, dass sie wieder in Erscheinung tritt. Nach der Beichte, dass Shen Te und Shui Ta ein und dieselbe Person sind, wird das Publikum wieder zugelassen. Wang preist die Götter, doch ebenso wie Shen Te wird er von den Göttern allein gelassen.

2.4.3.2 Yang Sun

Der arbeitsose Flieger will sich das Leben nehmen und wird von Shen Te davor bewahrt. Er setzt alles daran, um durch Bestechung wieder eine Stelle als Pilot zu bekommen. Er nutzt die Liebe Shen Tes zu ihm, um an die erforderliche Geldsumme zu gelangen. Er erhält die 200 Silberdollar, die als Mietvorauszahlung für den Laden gedacht waren, und veräußert Shen Tes Tabakladen weit unter Preis. Die Liebe Shen Tes zu ihm erwidert er nicht. Im Gespräch mit Shui Ta lässt er erkennen, dass er nur am Geld interessiert ist. Die Liebe Shen Tes zu ihm spielt er brutal gegen Shui Ta aus: „Wenn ich ihr die Hand auf die Schulter lege und ihr sage ‚Du gehst mit mir', hört sie Glocken und kennt ihre Mutter nicht mehr." (S. 72) Im Machtkampf gegen Shui Ta gerät er zeitweilig in die Defensive. Er wird zunächst Arbeiter in Shui Tas Tabakfabrik und vermeidet dadurch eine Anzeige

2.4 Personenkonstellation und Charakteristiken

wegen des gebrochenen Eheversprechens. Durch seine Charakterlosigkeit gelingt ihm der Aufstieg zum Aufseher. Durch Täuschung gelingt es ihm das Vertrauen Shui Tas zu erwerben. Hemmungslos treibt er die Arbeiter zu erhöhter Arbeitsleistung an. In der Sprache der marxistischen Gesellschaftskritik ist er der Verräter an seiner Klasse, der sich auf die Seite der Kapitalisten geschlagen hat.

Im „Lied vom achten Elefanten" (S. **Suns Seitenwechsel**
116 f.) wird der Seitenwechsel dargestellt. Der achte Elefant hat als einziger seinen Zahn. Im Dienst des Herrn Dschin stehend, schlug er zu dessen Freude die sieben Arbeitselefanten zu Schanden. Die Arbeitsbedingungen erinnern an das Fließband. Zynisch genießt er seine Macht über die Arbeiter, indem er den Refrain mitsingt und dabei durch Händeklatschen das Arbeitstempo beschleunigt. In der Aufseherrolle wird er stark und zu einer Bedrohung für Shui Ta. Suns einzige Loyalität gilt sich selbst. Er revanchiert sich bei Shui Ta, indem er ihn wegen des Verschwindens von Shen Te anzeigt. Hier sieht er die Möglichkeit, sich als Beschützer von Shen Te auszugeben. Er kann sich als hintergangener Vater von Shen Tes Kind und ihr Helfer in der Not aufführen, während es ihm in Wirklichkeit nur um die Fabrik geht. Seit seinem sozialen Aufstieg ist folglich keine Rede mehr davon, dass er Pilot werden will. Die entschlossene Charakterlosigkeit Suns macht Shui Ta hilflos. Die Doppelfigur ist in ihrem Handeln durch Schwangerschaft und konträre Anlage bis zur Wirkungslosigkeit eingeschränkt, so dass die Doppelrolle am Ende auseinanderbricht. Das Eintreten Suns für Shui Ta bei der Gerichtsverhandlung („Euer Gnaden, der Angeklagte mag mich zu was immer gemacht haben, aber er ist kein Mörder. Wenige Minuten vor seiner Verhaftung habe ich Shen Te's Stimme aus dem Gelaß hinter dem Laden gehört!", S. 136)

dient nicht willentlich der Wahrheitsfindung. Er ist an Shen Te als Zugang zum eigenen Eigentum interessiert.

2.4.3.3 Frau Yang, seine Mutter

Frau Yang unterstützt ihren Sohn mit allen Mitteln bei der Erlangung einer Pilotenstelle. Sie erhofft sich, dass auch sie durch den Status ihres Sohnes erhöht wird. Sie setzt sich für ihn ein, indem sie von Shen Te 200 Silberdollar in Empfang nimmt. Auch bei der Hochzeitsfeier steht sie auf der Seite ihres Sohnes. Als diese Pläne scheitern und ihr Sohn in Bedrängnis gerät, verschafft sie ihm eine Stelle als Arbeiter in Shui Tas Tabakfabrik. Überschwänglich preist sie ihn: „Sie sind unendlich gütig, die Götter werden es Ihnen vergelten." (S. 112) Zur Begründung sagt sie, auch sie sei von ihrem Sohn getäuscht und geschädigt worden. Seinen Aufstieg in der Fabrik hält sie für Besserung, die Shui Ta durch Strenge und Weisheit durch ehrliche Arbeit an ihrem Sohn bewirkt hat. (S. 117) Ihre geistige Schlichtheit und Voreingenommenheit für ihren Sohn lassen sie in ironischer Verkehrung des Sachverhalts zu falschen Urteilen kommen: „(...) was bringen doch Intelligenz und Bildung für große Dinge hervor! Wie will einer ohne sie zu den besseren Leuten gehören? Wahre Wunderwerke verrichtete mein Sohn in der Fabrik des Herrn Shui Ta!" (S. 115)

2.4.3.4 Die Absteiger

Unter den Besitzlosen stellen die sozialen Absteiger eine besondere Gruppe dar. Sie tragen unterscheidbare Züge, weisen aber viele Gemeinsamkeiten auf. Sie lassen, auch dann, wenn sie in derselben Lage sind, kein gutes Haar am anderen. Sie leben nur aus dem Augenblick und fühlen sich entlastet, wenn es nicht sie, sondern einen anderen trifft. Sie

> Gemeinsamkeiten der sozialen Absteiger

2.4 Personenkonstellation und Charakteristiken

haben Freude am Leid der anderen. Sie weiden sich am Unglück des Schreiners, der mit seinen finanziellen Forderungen ins Leere greift. Sie haben Überlebenstechniken entwickelt. Sie nutzen Lüge und Drohung, täuschen und drohen, machen Vorwürfe und behaupten Ansprüche. Dadurch schaffen sie Situationen, die wehrlos machen sollen. Wenn die Situation sich ändert, sind sie blitzschnell in der Lage, ihre Strategie zu verändern. Sie verhalten sich grundsätzlich ichbezogen und unsolidarisch. Das schließt nicht aus, dass sie ihr Verhalten ändern und Bündnisse eingehen, wenn es in ihrem Interesse steht. Sie geben Shen Te den Rat, den Vetter Shui Ta zu erfinden. Sie schlagen Wang vor, er solle eine Rente für seine steife Hand erstreiten, doch sie sind zu feige, ihn dabei zu unterstützen.

Bei den Absteigern handelt es sich im Einzelnen um die folgenden Personen und Gruppen:

- Ältliches Paar mit Neffen und weiteren Verwandten

Die ersten Wirtsleute von Shen Te sind obdachlos und werden aufgenommen. Sie nutzen die Gastfreundschaft schamlos aus. Weitere Familienmitglieder ziehen nach. Sie wissen, dass sie Shen Te ruinieren und feiern auf ihre Kosten. Als Shui Ta auftritt und sie an die Luft setzt, halten sie sich für ungerecht behandelt. Einige von ihnen landen als Arbeiter in Shui Tas Tabakfabrik.

- Die Witwe Shin

Die Voreigentümerin des Ladens hat Shen Te unter falschen Voraussetzungen zum Erwerb bewegt. Sie setzt sie unter Druck, stellt falsche Behauptungen auf, gibt sich moralisch und verdreht alles, um andere in Nachteil oder ins Unrecht zu setzen. (S. 19) Sie hat den Schreiner Lin To betrogen, der sich jetzt vergeblich an Shen Te hält. Bosheit ist ihre Natur, die sie einsetzt, um zu überleben. Höhnisch schmäht sie Shen Te als jemanden, der sich als Wohltäterin aufspielen wolle (S. 20), sich nachts herumtreibe (S. 56) und wirft ihr Angst vor den Besitzenden vor (S. 60). In Wirklichkeit hat sie selbst Angst davor. Als die schwangere Shen Te auf Hilfe angewiesen ist, wird sie ins Vertrauen gezogen. Ihre Hilfe lässt sich Shin gut bezahlen.

- Lin To, der Schreiner

Der Schreiner wird beim Verkauf des Ladens um den Lohn seiner Arbeit betrogen. Er verarmt und wird Arbeiter in Shui Tas Tabakfabrik.

- Der Teppichhändler und seine Frau

Sie verkaufen der verliebten und finanziell leichtsinnigen Shen Te einen Schal. Sie wollen ihr helfen und leihen ihr 200 Silberdollar für die Mietvorauszahlung. Die Tabakvorräte sollen als Sicherheit dienen. Auf einen schriftlichen Beleg verzichten sie. Ihre Hilfsbereitschaft kommt ihnen teuer zu stehen. Ihr Darlehen erhalten sie zu spät zurück, so dass sie ihre Existenzgrundlage verlieren.

2.4.4 Die Besitzenden
2.4.4.1 Die Hausbesitzerin Mi Tzü

Mit Berechnung und Verlogenheit mehrt die Hausbesitzerin Mi Tzü ihren Wohlstand. Von ihrer Mieterin verlangt sie eine hohe Mietvorauszahlung und begründet die Forderung mit Shen Tes Lebenswandel. (S. 38 f.) Sie gibt sich den Anschein, für Sitte und Moral einzutreten; in Wirklichkeit geht es ihr nur um ihren finanziellen Vorteil. Mit der hohen Forderung gibt sie den Anstoß für Shen Tes Schwierigkeiten.

2.4 Personenkonstellation und Charakteristiken

Mit derselben Falschheit handelt sie beim Erwerb von Shen Tes Laden, den sie mit 300 Silberdollar weit unter Wert erwirbt. Dabei gibt sie sich noch als Wohltäterin: „Ich zahle 300 und das nur, weil ich gern das Meinige tun will, wo es sich anscheinend um ein junges Liebesglück handelt." (S. 71)
Ihre wirtschaftliche Macht setzt sie gezielt ein, um Sun von Shui Ta abzuwerben. Da Shui Ta unter Druck steht, muss er einwilligen. Sie bietet ihm ihre Fabrikräume im Tausch für Sun an. Sein Charme und seine Qualitäten als „Damenkiller" (S. 125) sind ihr bereits früher aufgefallen. Dass das Interesse von Frau Mi Tzü an Sun nicht geschäftlicher Art ist, ergibt sich auch aus Shui Tas Zurückweisung ihrer Fürsprache. Sie war zur Hergabe der Fabrikräume nur bereit, „wenn er ihr die Knie tätschelte!" (S. 136). Ihr Einsatz für Sitte und Moral erweist sich auch hier als Fassade, hinter der sie nur ihr eigenes Interesse verfolgt.

2.4.4.2 Der Barbier Shu Fu

Hartherzigkeit und Rührseligkeit charakterisieren den zu bürgerlichem Wohlstand gelangten Barbier Shu Fu. Er schlägt im Beisein zahlreicher Zeugen den Wasserverkäufer Wang mit der Brennschere auf die Hand. Er will ihm wütend eine Lehre dafür erteilen, dass er seine Kunden belästigt hat. Als arrivierter Kaufmann spielt er seine Überlegenheit aus. Er kann es sich leisten, Wang ohne Rücksicht auf die Folgen zu schädigen. Er fürchtet nicht, dass er verklagt wird. Selbst wenn er Schadenersatz leisten müsste, würde er dadurch nicht sehr belastet.
Von Shen Tes Wohltätigkeit zeigt er sich in rührseligen Worten beeindruckt. Er will seine Häuser Shen Te zur Verfügung stellen und gibt sich als ihr selbstloser Bewunderer, der nur am „Austausch von Ideen" (S. 77) interessiert ist. Durch seinen

2.4 Personenkonstellation und Charakteristiken

Einsatz für den „Ruf des keuschesten Mädchens dieser Stadt" (S. 78) will er sich aufwerten. In Wirklichkeit nutzt er Shen Tes Notlage aus, und seine Häuser sind baufällig. Mit seinem Einsatz für Shen Te will er sich als uneigennütziger Förderer von Wohltätigkeit präsentieren. Doch seine gestelzte Sprache und seine geckenhafte Verliebtheit entlarven ihn.

2.4.4.3 Der Polizist

Zur Lösung von Shen Tes Mietproblem rät der Polizist Shui Ta, einen Ehemann für sie zu suchen. Nachdem Shui Ta ihm geholfen hat, den Jungen beim Diebstahl festzunehmen, und nach zwei Zigarren ist er davon überzeugt, dass Shui Ta eine „Stütze der Ordnung" (S. 40) ist. Die Festnahme des Jungen steht im Zusammenhang mit der Entfernung der Obdachlosen aus Shen Tes Laden. Auf diese Weise haben sowohl Shui Ta als auch der Polizist aus der Kooperation einen Vorteil. Das Eigentum des Besitzenden ist geschützt, und der Ordnungshüter wird unterstützt und anerkannt. Die moralische Grundlage der Ordnung, auf welcher der erteilte Rat gründet, ist brüchig. Prostitution ist nicht respektabel, die Vernunftehe, die auf Besitz und Einkommen abzielt, ist akzeptabel (vgl. S. 41). Dass Besitz ehrbar macht, ist auch am Einsatz des Polizisten für den Barbier Shu Fu ersichtlich. Wang, der sich wegen seiner Hand an den Polizisten wendet, wird barsch zurückgewiesen. Er sei an den „Unrechten gekommen, nämlich einen ordentlichen Mann." (S. 76) Dagegen wird Shui Ta mit ausgesuchter Höflichkeit behandelt, als er wegen des Verschwindens von Shen Te unter öffentlichen Druck gerät (vgl. S. 128). Es ist dem Polizisten sichtlich unangenehm, seinen Untersuchungsauftrag durchzuführen. Bei der Gerichtsverhandlung setzt er sich für Shui Ta ein, der ihm „als respektabler und die Gesetze respektierender Bürger" (S. 134) bekannt ist. Die gesetzliche Ordnung und

2.4 Personenkonstellation und Charakteristiken

der Polizist als ihr Hüter unterstützen den Besitzenden und wenden sich gegen den Besitzlosen.

2.5 Sachliche und sprachliche Erläuterungen

Titel	*Sezuan*: eigentlich Szetschuan, chinesische Provinz
Szene 1	**Ein kleiner Tabakladen**
S. 22	*Stellage*: Regal
S. 22	*Silberdollar:* chinesische Geldeinheit, Handelswährung
S. 24	*Mietskontrakt*: Mietvertrag
S. 24	*Referenzen*: Empfehlungsschreiben
S. 27	*Das Lied vom Rauch*: vgl. das Gedicht *Vereinsamt* von F. Nietzsche (1844–1900): „Nun stehst du bleich,/Zur Winter-Wanderschaft verflucht,/dem Rauche gleich,/der stets nach kältern Himmeln sucht."
Szene 2	**Der Tabakladen**
S. 38	*Fünfkäschkämmerchen:* billiges Zimmer, Absteige von *Käsch:* chinesische Kupfermünze
S. 41	*(...) wenn die Milch schon verschüttet ist?:* „vergeblich klagen" Anklang an englisches Idiom „cry over spilt milk"
S. 42	*Partie:* lohnende Heirat
S. 43	*Witz:* Verstand
Szene 3	**Abend im Stadtpark**
S. 47	*Sacktuch*: süddeutsch für Taschentuch
S. 48	*Stockfisch*: umgangssprachlich für wenig gesprächiger Mensch
S. 55	*Kung:* Konfutse, eigentlich Khungfutse, lat.

2.5 Sachliche und sprachliche Erläuterungen

Confucius, (551 bis 478 v. Chr.), chinesischer Religionsstifter

Szene 4	**Platz vor Shen Te's Laden**
S. 58	*Shawl*: Umhängetuch, Kopftuch
S. 58 f.	*Die Alte, der Alte:* vgl. das Motiv von Philemon und Baucis aus Ovids *Metamorphoseon Libri* (8. Gesang) und in Goethes *Faust. Zweiter Teil, 5. Akt* in der Szene „Offene Gegend" (V. 11043 ff.)
S. 59	*Kuvert*: Umschlag
Szene 5	**Der Tabakladen**
S. 68	*Eile heißt der Wind (...)*: sprichwörtlich für voreilig
S. 69	*Hangar:* Flugzeughalle
S. 69	*Der hungrige Hund zieht den Karren (...):* sprichwörtlich für pflichtbewusst sein
S. 69	*Hökern:* Kleinhandel am offenen Stand betreiben
S. 73	*Käsch:* chinesische Kupfermünze
Szene 6	**Nebenzimmer eine billigen Restaurants in der Vorstadt**
S. 84	*Taxe:* festgesetzter Preis, Gebühr
S. 85 f.	*Drei Teufel (...), der Bruchteufel, der Nebelteufel und der Gasmangelteufel:* Herkunft unklar, offenbar „Gefahren für Piloten"
S. 88	*Billett:* Fahrkarte, Ticket
S. 91	*Sankt Nimmerleinstag*: umgangssprachlich, scherzhaft für Tag, der nie eintritt

2.5 Sachliche und sprachliche Erläuterungen

Zwischenspiel S. 93	**Wangs Nachtlager** *Katalpen:* Plural von Katalpe Trompetenbaum	

Szene 7
S. 99

Hof hinter Shen Te's Tabakladen
Sie beginnt auf und ab zu gehen und ihren kleinen Sohn an der Hand zu nehmen: vgl. Sergej Tretjakows (1892–1939) Stück *Ich will ein Kind haben*, das Brecht bearbeitete. Seine Pantomime ist durch eine Szene daraus angeregt.

Szene 8
S. 113

Shu Ta's Tabakfabrik
einen Stein im Brett haben: Redewendung für wohlgelitten sein

S. 114 *Gratifikation:* Sonderzuwendung

S. 116f. *Lied vom achten Elefanten:* Brecht wurde durch die Lektüre von Rudyard Kipling (1865–1936) zur Darstellung des Elefanten als Aufseher angeregt.

S. 118 *Schaff:* süddeutsch *für* großes offenes Holzgefäß

Szene 9
S. 120

Shen Te's Tabakladen
Bittfürmichs, Wracks und Stümpfe: Satzname bzw. Metaphern für Gesindel, Nichtsnutze

Zwischenspiel
S. 130

Wangs Nachtlager
Abfall: hier Abwendung vom Glauben

Szene 10
S. 132

Gerichtslokal
Zertifikat: Urkunde, Bestätigung

S. 141 *Eine rosa Wolke läßt sich hernieder:* Parodie des klassischen Theatermittels des „deus ex

2.5 Sachliche und sprachliche Erläuterungen

machina", bei dem der tragische Konflikt durch das Eingreifen der Götter gelöst wird.

2.6 Stil und Sprache

Sprachliches Mittel/Stil	Erklärung	Textbeleg
Dialoge	Gespräch zwischen mehreren Personen, auf die Handlung bezogen, indem es sie vorantreibt oder retardiert; häufig Übergang zur Ansprache an das Publikum, zum Monolog zu Versen, Songs usw.;	
	• schneller Wechsel von Rede und Gegenrede zielt auf Unterschiede, Kontraste; auch als Frage mit schneller Antwort im unvollständigen Satz ; die Götter beurteilen die Gründe für das Scheitern ihrer Mission unterschiedlich;	S. 9, 16 S. 14 S. 131
	• Shen Tes Reden an die Götter stellen sich oft als Dialog dar, sind jedoch eigentlich Monologe, weil die Götter nicht darauf eingehen;	S. 16, 140
	• Lyrische Qualität im Gespräch mit Sun; damit gewinnt Sun Shen Te zurück.	S. 46, 79
	• Weitschweifigkeit zur Figu-	S. 41, 67

2.6 Stil und Sprache

	ren-charakterisierung; Redseligkeit des Polizisten, der Shin	
À part	Beiseitesprechen, Ansprache an das Publikum; Unterbrechung der Handlung; Konfrontation des Zuschauers mit Situation, Sehweise, Deutung;	
	• Figur stellt sich und die Situation dar;	S. 7, 18, 57
	• Figur legt ihre Gedanken und Motive dar; auch in Versform	S. 20, 21, 77
	• Figur trägt Prozess und Deutung aus ihrer Sicht vor.	S. 29, 43, 112, 115, 117
Monologe	Selbstgespräch einer Figur; in Prosa oder auch in Versform, überschneidet sich mit dem Beiseitesprechen und den Versen	
	• epischer Monolog: Einbeziehung nicht dargestellter Vorgänge	
	– Wang erklärt, dass er sich schon vier Tage vor den Göttern versteckt;	S. 30
	– Shen Te berichtet über ihre Begegnung mit dem Teppichhändlerehepaar, das um das geliehene Geld fürchtet.	S. 81
	• Reflexionsmonolog: Figur	

2.6 Stil und Sprache

	erörtert ihre Situation – Wang erörtert seine Misserfolge bei der Quartiersuche Shen Te reflektiert die Zukunft ihres Sohnes; • Konfliktmonolog: Verzweiflung der Figur über konfligierende Kräfte – Shen Te erkennt, dass sie den Laden verloren hat, weil sie die unerwiderte Liebe zu Sun schwächte.	S. 11, 12, 14 S. 103 S. 73
Epilog	Schlusswort, das viele Züge in sich vereint: Ansprache an das Publikum, Reimform, Darstellung und Reflexion des Dilemmas	S. 143
Requisiten	• Durch Anlegen der Maske verwandelt sich Shen Te in Shui Ta. • Der eingelöste Scheck hilft aus der finanziell beengten Lage. • Mit dem Halstuch will Shen Te Sun gefallen. Der aufgefundene Schal verweist auf Shen Tes Abwesenheit. • Die rosa Wolke unterstreicht, dass sich die Götter hilflos der Situation entziehen.	S. 65 S. 107 S. 75 S. 142

2.6 Stil und Sprache

Verse	Übergang der Rede in Verse, Überhöhung und Verdichtung, Reflexion und Kommentar, an Mitspieler bzw. Publikum gerichtet; Kritik und utopische Alternative Verdichtung wird u. a. erreicht durch	S. 47, 61, 62, 64, 98, 101, 103, 121
	• parabelartige Situation	S. 54
	• Anapher, Parallelismus, Wiederholung, Variation, strophischer Aufbau	S. 20, 21, 30, 48, 80
	• Verkürzung zu Sentenz, Redensart	S. 22
	• Phrase, Floskel	S. 141
Songs	Unterbrechung der Handlung, Reflexion von Erfahrenem, Zuhörer als Adressat, strophischer Aufbau, reimlos oder gereimt, oft aus der Ich-Perspektive der Besitzlosen	
	• „Das Lied vom Rauch" Erfahrungen der Besitzlosen, Rauch als Symbol der Vergänglichkeit	S. 27 ff.
	• „Lied des Wasserverkäufers im Regen"	S. 50 f.
	• „Das Lied vom Sankt Nimmerleinstag" Reflexion Suns nach der nicht zustande gekommenen Hochzeit	S. 91 f.

2.6 Stil und Sprache

	• „Lied vom achten Elefanten" balladeske Darstellung der Situation in der Tabakfabrik, Parabel auf Wirtschaftsordnung, Anspielung auf Erfindung der Massenproduktion mit Hilfe des Fließbandes	S. 116 f.
	• „Terzett der entschwindenden Götter auf der Wolke" Operettenhaft-parodistische Darstellung der hilflosen Götter, die abgewirtschaftet haben.	S. 142
Symbole	Die Symbole kennzeichnen die Lebenssituation der Menschen: die Allgegenwart des Handels und die Schwierigkeiten sich durchzubringen, Vergänglichkeit und die fehlgeschlagenen Hoffnungen.	Messbecher (S. 10), Laden, Rauch (S. 27), Regen (S. 50), Kranich (S. 46)
Bildlichkeit	• Metaphern: – bildlicher Ausdruck für ein Konzept, Eigenschaft; abgekürzter Vergleich: Kühnheit, Modernität Hilfsbereitschaft, Mitmenschlichkeit Unmenschlichkeit der Stadt	 Flieger (S. 51) Engel der Vorstädte (S. 74, 96) Diese Stadt ist eine Hölle (S. 73)

2.6 Stil und Sprache

	– Abgeschwächte Bilder der Umgangssprache werden durch die Verwendung wieder mit Bedeutung aufgeladen.	unter einer Decke stecken (S. 22), auf den Zahn fühlen (S. 68), an der Nase herumführen (S. 97)
	• Vergleiche: Verbindung von zwei Bereichen unter einem gemeinsamen Gesichtspunkt (tertium comparationis) Betonung des chinesischen Hintergrunds, Nähe zu Sprichwort und Redensart	Das Edle ist eine Glocke (S. 117) Wie ein kleiner Hurrikan (S. 81)
Umgangssprache, Alltagssprache	• Dem ohnmächtigen Lebensgefühl der Besitzlosen und Absteiger entsprechen affektbeladene Ausdrücke.	Bude (S.19), Loch (S. 35), rabiat, verstunken (S. 56)
	• Sex und Geld verschaffen den Eindruck von Macht und Überlegenheit, die in brutaler Offenheit, Anspielungen und Jargon fassbar werden.	Klotz am Bein (S. 72), mit nichts zaudern, herausrücken (S. 68), Kiste (S. 46)
Sprichwörter, Sentenzen	• Die Götter neigen zu satzartigen Verallgemeinerungen,	Wo Spinnen sind, gibt's

2.6 Stil und Sprache

	Sprüchen und Phrasen.	wenig Fliegen (S. 9), man bezahlt, was man schuldig ist (S. 54)
	• Shen Te formuliert eine utopische Gegenwelt; lyrische Stellen mit chinesischem Kolorit.	Ein wenig Nachsicht und die Kräfte verdoppeln sich (S. 23)
Überhöhung	• Gegenpol zur Alltagssprache und zum Jargon; – Die verliebte Shen Te und die Götter tendieren dazu. – Shu Fu und der Polizist werten sich und ihre Stellung dadurch auf.	S. 57 S. 77, 41
Emphase, Anapher, Parallelismus	• Intensivierung des Gefühls durch Konzentration von Stilmitteln	Verlust des Ladens (S. 73); Ich will mit dem gehen, den ich liebe (S. 80)
Parodie, Imitation, Pantomime	• Die Bedeutung eines Geschehens wird dem Zuschauer vor Augen geführt.	Die Großfamilie spielt den Hinauswurf des Schreiners nach (S. 35);

2.6 Stil und Sprache

Shen Tes Pantomime mit ihrem Sohn (S. 99).

2.7 Interpretationsansätze

2.7.1 Parabel

Brechts Stück *Der gute Mensch von Sezuan* trägt im Untertitel die Bezeichnung „Parabelstück". Unter einer Parabel wird üblicherweise eine lehrhafte Erzählung über einen Vorgang oder einen Sachverhalt verstanden.[15] Durch Rückgriff auf einen anderen, aber analogen Realitätsbereich wird eine Einsicht über die Wirklichkeit ermöglicht. Die Entdeckung der Analogie ist eine Leistung des Lesers bzw. Zuschauers. Darin ist sie mit der Fabel und dem Gleichnis verwandt. Doch im Vergleich zur Fabel, bei der sich viele Vergleichspunkte zwischen Wirklichkeit und Text ergeben, gibt es bei der Parabel und dem Gleichnis keinen Bezugspunkt. Anders als das Gleichnis löst sich der Text von der Wirklichkeit und hat einen eigenständigen Status, lässt jedoch noch die Beziehung dazu erkennen. Somit findet bei der Produktion und Rezeption der Parabel eine zweifache Spiegelung statt. In ihr sind zugleich Allgemeines und Konkretes gegenwärtig. Sie wurden in didaktischer Absicht in einfacher Form zu einer Erzählung zusammengefügt.

Leistung der Parabel

Die großen Religionen und das klassische Altertum haben sich der Parabelform bedient. Auch die Aufklärung des 18. Jahrhunderts machte verstärkt von der Parabel Gebrauch. Als Beispiele seien die biblische Erzählung vom verlorenen Sohn, Menenius Agrippas Erzählung vom Magen und den Gliedern und G. E. Lessings Ringparabel im Drama *Nathan der Weise* genannt. Im 20. Jahrhundert macht u. a. F. Kafka von den Möglichkeiten der Parabel Gebrauch.

---

15 Vgl. von Wilpert, siehe unter *Parabel*.

2.7 Interpretationsansätze

Wegen ihrer Merkmale und Möglichkeiten kommt die Parabel Brecht sehr entgegen. Er hat sie als „Ei des Kolumbus" bezeichnet, „weil sie in der Abstraktion konkret ist, indem sie das Wesentliche augenfällig macht."[16] Durch den Untertitel „Parabelstück" macht Brecht selbst auf den Interpretationszugang aufmerksam, der analysierend und bewertend beschritten wurde. Dabei wird die Analogie herausgearbeitet und unterschiedlich beurteilt.[17]

Der Parabelcharakter wird von V. Klotz an den dramatischen Elementen (Handlung, Szenen, Personen) und von K. Völker an der Doppelrolle von Shen Te und Shui Ta festgemacht. Anders setzt J. Knopf an, der Brechts Parabelform aus seiner Ästhetik ableitet.[18] Die Untersuchung der kapitalistischen Gesellschaft durch die Götter ist demnach die künstlerische Entsprechung zum naturwissenschaftlichen Experiment. Die Parabel realisiert die Verfremdung, die für Brecht eine zentrale Kategorie seiner Ästhetik darstellt.

Unterschiedliche Bewertungen werden zur Wirkungsabsicht Brechts und dem zu Grunde liegenden Marxismus vorgetragen. G. Koller versteht die Parabel als Vermittlungsform für Brechts Kapitalismuskritik, während W.-E. Schneidwind und B. Sowinski grundlegende Kritik an dem Stück und der Einstellung Brechts dazu üben. H. Jendreiek versteht Brechts Parabel als „Entmythologisierung" von Marxismus und Christentum, durch die der Mensch aufgefordert wird, sein Heil selbst zu schaffen.

---

16 Zit. nach Koller, S. 236.
17 Vgl. Kapitel 5 „Materialien"
18 Knopf, S. 18 ff.

2.7 Interpretationsansätze

2.7.2 Brechts Theorie des epischen Theaters

Brechts episches Theater zielt auf politische Veränderung. Um die treibenden gesellschaftlichen Kräfte aufzudecken, bedient es sich vorzugsweise der Parabel oder des Lehrstücks. An der Parabel oder am Modell wird hauptsächlich mit dem Mittel der Verfremdung etwas Bedeutsames demonstriert. Den **Verfremdungseffekt** (V-Effekt) hat Brecht so definiert: „Eine verfremdende Abbildung ist eine solche, die den Gegenstand zwar erkennen, ihn aber doch zugleich fremd erscheinen läßt" (GW 16, S. 680). Durch z. B. den Einsatz eines Erzählers oder die Verwendung von Songs soll die Handlung des Dramas unterbrochen werden, und der Zuschauer soll zum Dargestellten Distanz gewinnen. Die Eingriffe in den Handlungsablauf werden im didaktischen Interesse vorgenommen: Der Zuschauer soll die gesellschaftliche Bedingtheit und Veränderbarkeit des Dargestellten reflektieren und für politische Aktivität motiviert werden. Das epische Theater sieht sich im Gegensatz zu der dramatischen Form des Theaters. Die wesentlichen Umakzentuierungen hat Brecht in den Anmerkungen zur Oper *Aufstieg und Fall der Stadt Mahagonny* dargestellt.

Begriffsdefinitionen

Kritik am aristotelischen Theater

Seine Kritik gilt der dramatischen Form des Theaters, wie sie G. E. Lessing (1729–1781) im Rückgriff auf Aristoteles dargestellt hat. Diese dramatische Form geht von der Psychologie der Affekte auf rationaler Grundlage aus: Nach den Begriffen ist die Anschauung, auch die durch Nachahmung auf der Bühne gewonnene Anschauung, Grundlage der Erkenntnis. Ziel der anschauenden Erkenntnis ist die sittliche Besserung des Menschen. Diese geschieht nach Lessing durch Mitleid. Durch das Mitleiden erfolgt eine sittliche Reinigung;

das unangenehme Gefühl über einen Vorgang wird durch die Nachahmung angenehm. In diesem Zusammenhang ist die Einheit der Handlung wichtig. Am Anfang des Mitleids steht der Schrecken, am Ende die Bewunderung. Die beiden Formen des Theaters hat Brecht 1936 folgendermaßen gegenübergestellt:

> *„Der Zuschauer des dramatischen Theaters sagt: Ja, das habe ich auch schon gefühlt. – So bin ich. – Das ist nur natürlich. – Das wird immer so sein. – Das Leid dieses Menschen erschüttert mich, weil es keinen Ausweg für ihn gibt. – Das ist große Kunst: da ist alles selbstverständlich. – Ich weine mit den Weinenden, ich lache mit den Lachenden.*
> *Der Zuschauer des epischen Theaters sagt: Das hätte ich nicht gedacht. – So darf man es nicht machen. – Es ist höchst auffällig, fast nicht zu glauben. – Das muß aufhören. – Das Leid dieses Menschen erschüttert mich, weil es doch einen Ausweg für ihn gäbe. – Das ist große Kunst: da ist nichts selbstverständlich. – Ich lache über den Weinenden, ich weine über die Lachenden."*
> (GW 15, S. 265)

Brechts Konzept beeinflusst Fabel und Motive im einzelnen Werk und im Zusammenhang der Werke. Von hierher ist verständlich, dass Brecht einige wiederkehrende Themen und Motive verwendet, die auch im Stück *Der gute Mensch von Sezuan* vorkommen. Dies gilt z. B. für Gericht und Hochzeit, die Sinnlosigkeit von Tugenden, die Frau als Mutter, Heilige, Hure und die Reduktion der Menschen und ihrer Beziehungen auf eine Ware. Die bürgerliche Gesellschaftsform mit ihren doppelbödigen Vorstellungen von Tugend und die kapitalistische Wirtschaftsform sollen auf der Bühne anhand konkreter Vorgänge und

Realisierung des Konzepts

2.7.3 Theodizee

Brechts Sezuan-Drama greift das alte Problem der Theodizee auf und behandelt es auf eine besondere Weise. Dabei handelt sich im Ursprung um die Frage, wie die Existenz des Bösen und des Übels in der Welt mit Gottes Allmacht und Güte vereinbar ist. In der so beschaffenen Welt wird Gott auf den Prüfstand gestellt. Es geht um die Rechtfertigung Gottes. Es handelt sich um ein grundlegendes religiöses und philosophisches Problem. Die Frage stellte bereits Epikur. Das Problem beherrscht auch das Buch Hiob. Der junge Goethe stellte sich die Frage nach dem Erdbeben von Lissabon. Lösungsversuche hat es schon in der antiken Philosophie bei den Gnostikern gegeben. G. W. Leibniz (1646–1716) unterscheidet zwischen verschiedenen Arten des Übels, dem metaphysischen, dem physischen und dem moralischen. Die Übel folgen aus der Endlichkeit der Welt und der Unvollkommenheit des Menschen. Da Gott allein vollkommen ist, können seine Geschöpfe nur unvollkommen sein. Daher gehören Sünde und Scheitern notwendigerweise zur menschlichen Existenz. Sie folgen aus der dem Menschen gegebenen Freiheit. Die Tragik in den Dramen der deutschen Klassik ist von daher verständlich. Im Bestreben, gut zu handeln, geraten die Protagonisten zwangsläufig in unlösbare Konflikte. Im tragischen Untergang bestätigen sie weiterhin das Ideal.

Theodizee: Begriff und Problemgeschichte

Brecht stellt sich auf den Boden der Tradition. Die Götter kommen auf die

Brecht und die Tradition

Erde und führen eine Untersuchung durch, da es immer wieder Klagen über die Beschaffenheit der Welt gibt (S. 10). Ziel ist der Fortbestand der Weltordnung. Der Fortbestand ist an die Bedingung geknüpft, dass „genügend Menschen gefunden werden, die ein menschenwürdiges Leben führen können" (S. 10). Die Frage nach der Rechtfertigung Gottes wird zu der nach der Rechtfertigung des Menschen. Von der Rechtfertigung des Menschen hängt freilich die Existenz der Götter ab. Wenn die Bedingung nicht erfüllt ist, haben diese keine Existenzberechtigung mehr. In der bürgerlichen Welt ist dies der Fall. Die Untersuchung wird überhaupt erst durch den finanziellen Anschub der Götter möglich. Das Gute, das Shen Te wirkt, wird allein durch das Böse möglich, das sie in Gestalt Shui Tas tut. Die Doppelrolle der Hauptfigur ist dramatischer Ausdruck der Entfremdung des Menschen in der kapitalistischen Wirtschaftsordnung. Sie umfasst alle Lebensbereiche. Daher kann von den Göttern kein Heil erwartet werden. Sie sind als Ideologie des Bürgertums überflüssig. Die Untersuchung der Götter zielt letztlich auf ihre Abschaffung.

2.7.4 Der Status des Stücks

Vor dem Gericht der Götter beklagt Shen Te ihre Situation:

> *„Euer einstiger Befehl*
> *Gut zu sein und doch zu leben*
> *Zerriß mich wie ein Blitz in zwei Hälften. Ich*
> *Weiß nicht, wie es kam: gut zu sein zu andern*
> *Und zu mir konnte ich nicht zugleich*
> *Andern und mir zu helfen, war mir zu schwer."* (S. 139)

Die Unmöglichkeit, zwei konträre gleichwertige Forderungen

2.7 Interpretationsansätze

zu erfüllen, verweist auf ein tragisches Problem. Den Widerspruch kann die Protagonistin nicht lösen, und auch im Horizont des Stücks ist es nicht lösbar. Dennoch sprechen Interpreten von einer Komödie, während andere diese Einstufung zurückweisen und von Tragik sprechen. Damit hängt die Bewertung des Endes des Stücks zusammen.

> *"Bereits die tragende Idee des Stücks verweist auf die Komödie: die Doppelrolle, die die Diskrepanz zwischen Sein und Schein genüßlich auskosten kann, da der Zuschauer, meist als Eingeweihter, über das Wissen verfügt, das den Personen noch fehlt: ihr Spiel, ihr Verhalten, ihre Sprache werden komisch, weil sie doppelbödig erscheinen. Bekannt ist die Hosenrolle, wie sie bei Shakespeare (,Die beiden Veroneser', 1593; ,Was Ihr wollt', 1599; u. a.), in der spanischen Komödie (,Don Gil von den grünen Hosen' von Tirso de Molina, 1617) und vor allem in Opern u. a. ausgeprägt war. Der Typus ist: »das Mädchen verkleidet sich als Mann, um dem Geliebten unerkannt sich nähern zu können und seine Gefühle für sie zu erforschen« (Giese, 95): Verwicklungen sind die Folge, meistens in drastisch komischer Szenik – das Mädchen muss ihre Rolle konsequent als Mann spielen: saufen, rauchen etc. –, oder umgekehrt entlarvt sich die vermeintliche Liebe als bloß geheuchelt. Brecht verwendet das Muster in doppelter Weise, einmal mit der Figur des Shui Ta. zum anderen mit der Figur der Shen Te in der Hochzeitsszene. Auch die Figur des kleinen Barbiers Shu Fu, der gegenüber Shen Te den Großen Mann markiert, spießig und gönnerhaft zugleich ist, wurde von der Forschung als komische Figur, dem Kaufmann der italienischen Commedia dell'arte verpflichtet, nachgewiesen (Hinck. 67)."*[19]

---

19 Knopf, *Brecht-Handbuch*, S. 208.

2.7 Interpretationsansätze

Freilich sind es nicht die Grundanlage des Stücks und die Anleihen bei der Typenkomödie, die auch bei der Darstellung der Götter zu beobachten ist, sondern eine spezifische Auffassung vom Gesellschaftlich-Komischen. Vor dem Hintergrund des marxistischen Geschichtsmodells wird definiert: „Komödie bei Brecht wäre bestimmbar als eine Kombination satirisch-kritischer und utopisch-antizipierender Bestandteile."[20] Danach hat die Komödie die Aufgabe, den Abschied von der alten überholten Welt zu erleichtern.[21]

Vor diesem Hintergrund wirkt Brechts Hinweis auf die Offenheit des Schlusses nicht mehr glaubhaft.

>„Wir stehen selbst enttäuscht und sehn betroffen
>Den Vorhang zu und alle Fragen offen.
>Dabei sind wir doch auf Sie angewiesen
>Daß Sie bei uns zu Haus sind und genießen.
>Wir können es uns leider nicht verhehlen:
>Wir sind bankrott, wenn Sie uns nicht empfehlen!" (S. 144)

Die Ratlosigkeit wirkt gestellt, sie ist eine Pose. Die Lösung für den Widerspruch ist nicht im Stück zu finden, sondern in einem anderen Modell von Gesellschaft und Wirklichkeit. Das Stück ist daraufhin angelegt, und der Zuschauer soll sich diese Überzeugung zu eigen machen. Diese Übernahme wird im Rahmen von Brechts Wirkungsästhetik als Aktivität des Zuschauers verstanden.

Kritiker dieser marxistischen Auffassung betonen, dass die tragische Situation Shen Tes am Ende weiterbesteht. Die Überzeugungskraft, die von dem Gedanken an eine veränderte Ordnung der Welt

Tragik

---

20 Giesen, S. 224.
21 Vgl. ebd., S. 222.

2.7 Interpretationsansätze

ausgeht, ist suggestiv und geht nur von der Forderung aus. So wendet R. Grimm ein, dass es dem Einzelnen nichts nutzt, wenn die Lösung des Widerspruchs lange Zeit dauert und selber in einen tragischen Zwiespalt führt. Er bezweifelt, ob Brechts Voraussetzung, dass der Mensch von Natur aus gut sei, zutreffend sei.[22] Vor diesem Hintergrund bleibt die tragische Grundsituation bestehen.

---

22 Grimm, S. 153 f.

3. Themen und Aufgaben

Der Zugang zu den im Stück *Der gute Mensch von Sezuan* gestalteten Problemfeldern (Antagonismus von Markt und Humanität; Entfremdung des Menschen in der kapitalistischen Ordnung; kritischer Umgang mit der Tradition) erfolgt über ausgrenzbare Textstellen und Aspekte des Textes. Die Aufgaben lassen sich auf einen Auftrag beschränken. Zur Verdeutlichung werden mehrere Aspekte genannt, die als Alternativen gedacht sind. Einen davon sollte die Analyse schwerpunktmäßig behandeln. Die abschließende Aufgabe zielt auf eine weiterführende Darstellung.

Die Seitenangaben zur Textgrundlage beziehen sich auf die bei Suhrkamp erschienene Ausgabe, die der Lösungshilfe auf die „Erläuterungen".

---

1. Thema: **Gerichtsszene**
▶ Analysieren Sie die Gerichtsszene.
▶ Berücksichtigen Sie dabei besonders die Bedeutung der Szene für das Thema des Stücks, die Darstellung der Figuren, die Darstellung der Götter.
▶ Erörtern Sie die Verwendung von Gerichtsszenen vor dem Hintergrund von Brechts Theorie des epischen Theaters.

Textgrundlage: S. 132–143

Lösungshilfen: S. 45, S. 89

3. Themen und Aufgaben

2. Thema: **Hochzeitsszene**
- Analysieren Sie die Hochzeitsszene.
- Berücksichtigen Sie dabei besonders die Beziehung zwischen Shen Te und Sun, die Darstellung von Liebe und Ehe.
- Erörtern Sie die Verwendung von Hochzeitsszenen vor dem Hintergrund von Brechts Theorie des epischen Theaters.

Textgrundlage: S. 83–92

Lösungshilfen: S. 45 f., S. 62, S. 89

3. Thema: „Lied vom achten Elefanten"
- Analysieren Sie das „Lied vom achten Elefanten". Berücksichtigen Sie besonders den Parabelcharakter des Liedes, die Stellung des Liedes im Stück.
- Erörtern Sie die dargestellte gesellschaftliche Ordnung vor dem Hintergrund von Brechts Biografie und der Entstehungszeit des Stücks.

Textgrundlage: S. 116–117

Lösungshilfen: S. 44, S. 67, S. 86

4. Thema: **Götter**
- Analysieren Sie Rolle und Bedeutung der Götter.
- Berücksichtigen Sie dabei besonders das Thema, die Struktur des Stücks.
- Erörtern Sie die Rolle der Götter vor dem Hintergrund der Bildungstradition und Brechts Einstellung dazu.

Textgrundlage: S. 7–17, 30–31, 93–95, 109–110, 132–143

Lösungshilfen: S. 50–56, S. 90

3. Themen und Aufgaben

5. Thema: Shen Te/Shui Ta
- Analysieren Sie die Doppelrolle Shen Te/Shui Ta.
- Berücksichtigen Sie dabei das Verhältnis der Figur zu den Göttern und ihre Stellung in der Gesellschaft.
- Erörtern Sie, ob Shen Tes Güte Schwäche oder Utopie ist.

Textgrundlage: S. 65 f., S. 81 f., S.98 f. S. 132–143

Lösungshilfen: S. 45, S. 56–61

6. Thema: Shui Ta /Aktualität
- Analysieren Sie das Verhalten Shui Tas.
- Erarbeiten Sie dabei besonders, wodurch es beeinflusst wird.
- Erörtern Sie vor dem Hintergrund von Brechts ästhetischer Theorie und den historischen Erfahrungen, ob sein Verhalten heute noch aktuell ist.

Textgrundlage: S. 67–73, S. 118–129

Lösungshilfen: S. 18, S. 101, S. 88 f.

7. Thema: Sun/Aktualität
- Analysieren Sie das Verhalten Yang Suns.
- Erarbeiten Sie dabei besonders, wodurch es beeinflusst wird.
- Erörtern Sie vor dem Hintergrund von Brechts ästhetischer Theorie und den historischen Erfahrungen, ob sein Verhalten heute noch aktuell ist.

Textgrundlage. S. 67–73, S. 79 f., S. 83–92, S. 118–129

Lösungshilfen: S. 66 f., S. 18, S. 88

Darüber hinaus sei auf einen Fragebogen hingewiesen, den Koller Besuchern einer Zürcher Inszenierung vorgelegt hat.[23]

---
23 Koller, S. 265–267.

3. Themen und Aufgaben

Die Fragen eignen sich als Zugang zum Analysegespräch. Sie zielen auf das dargestellte Verhalten der Figuren und fragen nach der Aktualität.

Im Rahmen einer Reihenplanung lässt sich Brechts *Der gute Mensch von Sezuan* mit Goethes *Iphigenie auf Tauris* unter dem Aspekt „Humanität und Utopie" vergleichen.

4. Rezeptionsgeschichte

4.1 Aufführungen

Der gute Mensch von Sezuan ist das am häufigsten aufgeführte Stück Brechts überhaupt. Es wurde noch während des Exils in deutscher Sprache, ebenso wie *Mutter Courage* und *Leben des Galilei,* am Züricher Schauspielhaus uraufgeführt.

Die Aufnahme in der DDR, wo sich Brecht schließlich niederließ und ein eigenes Theater zur Verfügung hatte, war zurückhaltend, vielleicht weil es nicht in die kunstpolitischen Vorstellungen über den sozialistischen Realismus hineinpasste. Sowohl in der DDR als auch in der Bundesrepublik Deutschland wurde Brechts Drama in der ideologischen Auseinandersetzung instrumentalisiert oder durch Poetisierung entpolitisiert.

Einige herausragende Aufführungen werden aufgelistet und knapp charakterisiert.

Uraufführung
4. 2. 1943 in Zürich; Regie: Leonhard Steckel
Herausarbeitung von Poesie und Gegensätzen; Umsetzung von Brechts Theorie des epischen Theaters

Aufführungen in der DDR
12. 1. 1956 in Rostock; Regie: Benno Besson; wurde mit Aufführungen in Berlin (Berliner Ensemble 5 .10. 1957), Rostock (1957) und wieder Berlin (1979) zum Modell; Inszenierung gegen die Bundesrepublik als Standort des Kapitalismus gerichtet.

4.1 Aufführungen

Aufführungen in der Bundesrepublik Deutschland
16. 11. 1952 in Frankfurt/Main; Regie: Harry Buckwitz
31. 3. 1955 in Wuppertal, Regie: Franz Reichert
31. 3. 1967 in Westberlin; Regie: Hans Schweikert
Betonung des Klassikers Brecht und der Komik des Stücks

Aufführungen im Ausland
14. 4. 1981 in Mailand; Regie: Giorgio Strehler
Betonung von Brechts Gesellschaftsbild

4.2 Literaturwissenschaft

Brechts Stücks greift die gesellschaftlichen Fragen der Entstehungszeit in den zwanziger und dreißiger Jahren auf. Er behandelt sie mit den Möglichkeiten eines Intellektuellen mit bürgerlichem Erziehungshintergrund und Interesse am Marxismus, was sich auch in Studien niedergeschlagen hat. Die Arbeiten von Hecht (1971), Kesting (1962), Knopf (1980) und Völker (1983) beleuchten u. a. die Entstehung des Sezuan-Dramas im Zusammenhang mit der Zeit. Als aktiver Teilnehmer am kulturellen Leben hat Brecht ein Gespür für die Wirkung von Texten entwickelt, insbesondere von solchen, die auf der Bühne realisiert werden. Das betrifft die gesamte Bandbreite vom Volkstheater und politischen Kabarett über die unterhaltsame Boulevardkomödie, über klassische Texte bis hin zu religiösen und philosophischen Texten, die über die abendländische Tradition hinausreichen.

Die durch die Entstehungszeit ausgelösten Fragen werden im Gesamtwerk immer wieder neu facettiert. Das gilt auch für die Werke der Exilzeit. Sie werden in kritischer Absetzung von der Tradition und in der Absicht auf politische und gesellschaftliche Veränderungen aus verändertem Blickwinkel immer wieder neu erörtert. Für die dichterische Gestaltung liefern die Tradition und Brechts ästhetische Theorie mit dem Konzept des epischen Theaters Bezugspunkte (vgl. Koller (1982)). Die politischen Parteiungen und künstlerischen Bestrebungen setzen sich nach dem Zweiten Weltkrieg im Ost-West-Gegensatz und im Neben- und Gegeneinander von Bundesrepublik und DDR fort. Die DDR nutzt Brecht als lebenden Beweis für das klassische humanistische Erbe, als dessen Verwalter sie sich sieht, und räumt ihm eine privilegierte Stellung im kul-

4.2 Literaturwissenschaft

turellen Leben ein. Hinter dieser Fassade stellt sich das Verhältnis zwischen Brecht und den Herrschenden recht komplex dar. Mit Eleganz und Widerborstigkeit manövriert er zwischen Anpassung und Widerstand.

In der Bundesrepublik Deutschland wirkt Brecht polarisierend. Er wird als marxistischer Dramatiker wegen seiner Veränderungsabsicht bekämpft oder wegen seiner poetischen Qualitäten geschätzt. Zwischen den Fronten der ins kulturelle Leben verlagerten politischen Auseinandersetzungen wirken Untersuchungen, die auf die Werkgestalt oder auf die Vermittlung im Deutschunterricht zielen, neutralisierend.

Dafür sei auf die Arbeiten von Geißler (1970), Grimm (1970), Jendreiek (1969) und Klotz (1971) bzw. auf die von Bräutigam (1966) und Knopf (1997) verwiesen.

Mit dem Neomarxismus im Bildungs- und Kulturbereich im Gefolge der Studentenbewegung erlangt die Gesellschaftskritik Brechts stärkere Beachtung.

Eine neue Sicht auf das Werk ist seit dem Ende des Ost-West-Gegensatzes festzustellen. So unternehmen Schneidewind und Sowinski (1999) eine „neue kritische Deutung" des Stücks nach dem Ende des Ost-West-Gegensatzes und dem Untergang der DDR; danach sei keine unbefangene Rezeption des in den zwanziger Jahren entstandenen Stücks mit seinen marxistischen Wurzeln mehr möglich. Sie sehen darin eine auch heute noch aktuelle und wahrscheinlich zeitlich überdauernde „poetische Darstellung inhumaner Verhältnisse und der Versuch der Menschen zu deren Überwindung"[24]. Dazu müsse man sich von den früheren Deutungen und der ideologischen Bindung Brechts lösen.

---

24 Schneidewind, Sowinski, S. 11.

5. Materialien

5.1 Zur Parabel

Über den Parabelcharakter wird in Interpretationen der Zugang zum Stück gesucht. Das Parabolische wird an verschiedenen Elementen des Stücks festgemacht.

V. Klotz über dramatische Elemente:

„Auch das Stück vom Guten Menschen von Sezuan ist insgesamt eine Demonstration der hier schon im Vorspiel, erstmals von den Göttern, geäußerten These vom Nicht-gut-sein-können der Menschen. Im Verlauf der Handlung erweist sich Stück für Stück die These als Wahrheit, kulminierend in der Bilanz der Schlussszene. Sie wird aufgestellt und erörtert im Vorspiel und in den Zwischenspielen, in den Hauptszenen mit konkreten Situationen verknüpft und so durch die Wirklichkeit erhärtet. Am Anfang Behauptung, am Ende das unumstößlich bewiesene Ergebnis aus dem »So ist es« der Parabel, die sich deutlich als ein Gegenüber zum Publikum erweist, auf das sie ihre didaktischen Pfeile abschießt." [25]

K. Völker über die Doppelrolle:

„In einer Parabel wird der Versuch unternommen, das Selbstverständnis des Menschen in einen anderen, der Sichtbarkeit eher zugänglichen Raum zu rücken, um dann diese Spiegelung durch Analogieschluss wieder auf die am Ausgangspunkt stehende Frage zurückzubeziehen. Die Brecht'sche Parabel prüft den Zustand der erfahrbaren Welt; sie setzt Kategorien, um sie wieder zu verwerfen bei der Beantwortung der Frage, ob ein Mensch, der bedingungslos der Güte seines Herzens folgt, lebensfähig in einer Wirklichkeit ist,

---

25 Klotz, S. 26.

5.1 Zur Parabel

die seinen Entwurf der Menschenwürde eben nicht zur Grundlage gemacht hat. Dieser Konzeption ist eine Doppelrolle zugrunde gelegt, deren entgegengesetzte Komponenten ökonomisch-politische Widersprüche markieren. In der Grundkonzeption liegt auch die Schwierigkeit begründet, nach der das angelegte Gesetz die Figuren und den Entwurf beschneidet oder sprengt."[26]

Vor dem Hintergrund des marxistischen Gesellschaftsmodells wird Brechts parabolische Darstellungsform unterschiedlich bewertet.
G. Koller über Brechts Nutzung der Parabelform:
„Die von Brecht genannten Eigenschaften der Parabel erinnern uns an seine schon erwähnten Schwierigkeiten mit dem Stück. Es scheint, dass die Parabel tatsächlich derjenige Stücktypus ist, mit dem sich der Widerspruch zwischen Modellhaftigkeit und individuell-konkreter Charakterisierung zu einem produktiven Widerspruch entwickeln lässt. Wenn Brecht sagt, die Parabel sei in der Abstraktion konkret, dann heißt das nichts anderes, als dass im parabolischen Stück das Wirklichkeitsmodell, von dem der Stückeschreiber Brecht ausgeht, in einer Handlung konkretisiert, das heißt, in der konkreten Handlung, in einem wirklichen Modell dialektisch aufgehoben ist. Parabolisch ist nun aber nicht die konkrete Handlung, sie hat durchaus Bedeutung als solche, sondern ihre erneute »Aufhebung« ins Allgemeine durch den Zuschauer. Diese Negation der Negation geschieht durch die von der Parabel organisierte Rezeption. Der Produktions- bzw. Rezeptionsprozess lässt sich demnach in der folgenden Weise schematisieren: Brechts erkenntnistheoretischer Ausgangspunkt ist der dialektische Materialismus, der ihm ein hochgradig abstraktes Wirklichkeitsmodell liefert. Mit Hilfe dieses Modells gelingt es, gewisse Vorgänge der gesellschaftlichen Wirklichkeit zu erklären. In

---

26 Völker, S. 206.

5.1 Zur Parabel

Analogie zum Modell baut Brecht solche Vorgänge als Konflikte zwischen Menschen nach. Er vermittelt sie parabolisch, was es dem Zuschauer erlaubt, sie – wiederum durch Analogie – auf seine Wirklichkeit zu beziehen."[27]

"Wir sehen jetzt auch klarer, was die »Götter« im Stück vertreten. Es ist die idealistische Philosophie, die idealistische Denkweise überhaupt. Mit dem Herrschaftsanspruch, den sie verteidigen, verteidigen sie aber im Grunde den Herrschaftsanspruch der bürgerlichen Klasse. Denn sie sind nichts anderes als bürgerliche Ideologen. Man verstehe das richtig: sie sind nicht selber Besitzende; sie sind das, womit die Besitzenden ihren Herrschaftsanspruch reklamieren, sie sind Repräsentanten der Ideologie. Brecht stellt im Guten Menschen kein religiöses, sondern ein ideologisches Problem zur Debatte. Wie wir bisher gesehen haben, bedeutet das nicht, dass Ideologie auf der Bühne diskutiert wird, sondern es bedeutet, dass die Parabel Wirklichkeit so vermittelt, dass der Rezipient, indem er sich mit ihr spielend auseinander setzt, sie als grundsätzlich modellhafte, das heißt, als ideologisch angeeignete erkennt. In der provozierten Kritik an dem von den Göttern repräsentierten idealistischen Modell entsteht bereits ein neuer Modellansatz, dessen Grundlage die empirischen Fakten selber sind. Spielend konfrontiert der Rezipient sein Modell der Wirklichkeit und seine Alltagserfahrungen mit dem auf der Bühne sichtbaren Widerspruch zwischen Ideologie und Faktizität, wobei er möglicherweise ein Erklärungsdefizit auch bei seinem eigenen Realitätsmodell feststellt, was zum Anlass wird, dieses selbst zu hinterfragen. Zu den Voraussetzungen einer derartigen Konfrontation gehört einerseits, dass das Dargestellte sich mit dem vom Zuschauer ins Spiel gebrachten Modell überhaupt vergleichen lässt (andernfalls könnte es zu einem ideologiekritischen Rezeptions- bzw. Produktionsprozess gar nicht kommen), und gehört andererseits

---

27 Koller, S. 237.

eine gewisse Eigenstabilität dieser Modelle (um sie überhaupt als Instrumente der Realitätsaneignung kenntlich zu machen).
Indem das Vorspiel die hier bestehenden Widersprüche auf parabolischer Ebene thematisiert, verlängert es die Diskussion der Probleme in die Alltagsrealität des Zuschauers hinein. Das geschieht offensichtlich nicht durch irgendwelche ideologische Unterweisung von der Bühne herab, sondern, wie wir feststellen, über die Unterhaltung selber. Die als Dialektik von Einfühlung und Distanzierung erkannte Rezeption erfolgt aus einer heiteren Grundhaltung heraus. Ermöglicht wird sie durch die parabolische Vermittlungsform. Die Parabel macht dem Zuschauer seine eigene (bewusst oder unbewusst) idealistische Ideologie nicht dadurch bewusst, dass sie diese ihm unmittelbar als seine eigene ausstellt. Sie gibt ihr Eigenleben, indem sie sie durch die Götter darstellen lässt. Über die Götter lachend, distanziert sich der Zuschauer von ihr, ohne sich in jedem Moment bewusst zu sein, dass er auch über sich selber lacht.
Die Täuschung ist gewissermaßen der Trick der Parabel."[28]

Schneidewind und Sowinski über Brechts Nutzung der Parabelform:

„Der aufgrund des ideologischen Ansatzes (atheistisch, materialistisch und dialektisch) im Stück künstlich und künstlerisch hergestellte Zustand der Welt lässt die Gegensätze gut und böse, arm und reich, schwarz und weiß, und, soziologisch formuliert, von Sozialismus und Kapitalismus sich unvermittelt gegenüberstehen. Diesem antagonistischen Weltbild entspricht die übertriebene Radikalität des ethischen Konflikts und die Simplifikation historischer, wirtschaftlicher, gesellschaftlicher und psychologischer Sachverhalte auf der Handlungsebene des Stücks. Die Gefahr des Schematischen, die Brecht selbst in der Konzeption des Stückes sah, hat in diesem An-

---

28 Ebd., S. 252 f.

satz ihren Ursprung. Die Entwicklungslosigkeit der Figuren, die Begrenztheit ihres Handlungsspielraums, die trotz der Götterhandlung vorherrschende Eindimensionalität der dramatischen Fabel ist die Folge: Mit Blick auf das »festgesetzte Wegziel« wird in einer Reihe von exemplarischen Fällen demonstriert, dass es dem Menschen unter den vorherrschenden Verhältnissen nicht möglich ist, zugleich gut, wohlhabend und glücklich zu sein.

Der Zuschauer verfolgt ein Experiment mit feststehenden Größen, in dem die Realisierbarkeit der Güte in der Welt der Prüfung unterzogen wird. Da er sich von Anfang an im Klaren darüber ist, dass das Experiment mit der ehemals besitzlosen, durch ein Geldgeschenk jetzt aber besitzenden Shen Te, dem so genannten Guten Menschen, scheitern muss, bleibt das Interesse des Zuschauers im Wesentlichen auf die Frage konzentriert, was und wie alles noch gezeigt werden wird, um die Ausgangsthese zu beweisen."[29]

Einen gänzlich anderen Ansatzpunkt wählt Jendreiek:

„Brechts »Guter Mensch von Sezuan« ist nach dieser Verfremdungstendenz als Drama der Entmythologisierung zu verstehen: zerstört wird der Mythos von der allmächtigen Herrschaft der Götter über die Welt und der Erlösung der Welt durch überirdische Heilskräfte. Das Heil der Welt ist nichts Gotthaft-Jenseitiges mehr, sondern eine existenzielle Möglichkeit des Menschen. Die Welt ist nicht ausgeliefert an unberechenbare transzendente Mächte, sondern in die berechenbare Mächtigkeit des Menschen gegeben. Die Erlösung der Menschheit ist nach Brecht kein göttlicher Gnadenakt mehr, sondern die sozialhumanitäre Pflicht des Menschen selber."[30]

---

29 Schneidewind, Sowinski, S. 44 f.
30 Jendreiek, S.247.

5.2 Zur Theorie des epischen Theaters

Die Grundlagen und Merkmale des epischen Theaters hat Brecht u. a. im *Kleinen Organon für das Theater* dargestellt. Er greift das bürgerliche Theater und seine Aufführungspraxis an, bei dem er „Verfallsmerkmale" feststellt:

„[...] es [nämlich das Theater des wissenschaftlichen Zeitalters] beschuldigte diese Verkaufsstätten für Abendunterhaltung, sie seien herabgesunken zu jenem Zweig des bourgeoisen Rauschgifthandels. Die falschen Abbildungen des gesellschaftlichen Lebens auf den Bühnen, eingeschlossen die des sogenannten Naturalismus, entlockten ihm den Schrei nach wissenschaftlich exakten Abbildungen und der abgeschmackte Kulinarismus geistloser Augen- und Seelenweiden den Schrei nach der schönen Logik des Einmaleins. Den Kult des Schönen, der betrieben wurde mit der Abneigung gegen das Lernen und der Verachtung des Nützlichen, lehnte es verächtlich ab, besonders, da nichts Schönes mehr hervorgebracht wurde. Angestrebt wurde ein Theater des wissenschaftlichen Zeitalters [...]." (GW 16, S. 661–662)

Das Ziel des Theaters beschreibt Brecht folgendermaßen:
„Theater besteht darin, daß lebende Abbildungen von überlieferten oder erdachten Geschehnissen zwischen Menschen hergestellt werden, und zwar zur Unterhaltung. Dies ist jedenfalls, was wir im folgenden meinen, wenn wir von Theater sprechen, sei es von altem oder neuem." (GW 16, S. 663)

„Es treffen sich aber Wissenschaft und Kunst darin, daß beide das Leben der Menschen zu erleichtern da sind, die eine beschäftigt mit ihrem Unterhalt, die andere mit ihrer Unterhaltung." (GW 16, S. 670)

5.2 Zur Theorie des epischen Theaters

Das Ziel soll durch den Verfremdungseffekt (V-Effekt) erreicht werden:

"Was ist Verfremdung?
Einen Vorgang oder einen Charakter verfremden heißt zunächst einfach, dem Vorgang oder dem Charakter das Selbstverständliche, Bekannte, Einleuchtende zu nehmen und über ihn Staunen und Neugierde zu erzeugen." (GW 15, S. 301)

"Verfremden heißt [...] Historisieren, heißt Vorgänge und Personen als historisch, also als vergänglich darstellen. Dasselbe kann natürlich auch mit Zeitgenossen geschehen, auch ihre Handlungen können als zeitgebunden, historisch, vergänglich dargestellt werden.
Was ist damit gewonnen? Damit ist gewonnen, daß der Zuschauer die Menschen auf der Bühne nicht mehr als ganz unveränderbare, unbeeinflußbare, ihrem Schicksal hilflos ausgelieferte dargestellt sieht. Er sieht: dieser Mensch ist so und so, weil die Verhältnisse so und so sind. Und die Verhältnisse sind so und so, weil der Mensch so und so ist. Er ist aber nicht nur so vorstellbar, wie er ist, sondern auch anders, so wie er sein könnte, und auch die Verhältnisse sind anders vorstellbar, als sie sind. Damit ist gewonnen, dass der Zuschauer im Theater eine neue Haltung bekommt. Er bekommt den Abbildern der Menschenwelt auf der Bühne gegenüber jetzt dieselbe Haltung, die er als Mensch dieses Jahrhunderts der Natur gegenüber hat. Er wird auch im Theater empfangen als der große Änderer, der in die Naturprozesse und die gesellschaftlichen Prozesse einzugreifen vermag, der die Welt nicht mehr nur hinnimmt, sondern sie meistert. Das Theater versucht nicht mehr, ihn besoffen zu machen, ihn mit Illusionen auszustatten, ihn die Welt vergessen zu machen, ihn mit seinem Schicksal auszusöhnen. Das Theater legt ihm nunmehr die Welt vor zum Zugriff." (GW 15, S. 302–303)

5.2 Zur Theorie des epischen Theaters

Neben dem V-Effekt ist der Begriff des Gestus einer der tragenden Begriffe von Brechts ästhetischer Konzeption:
„Den Bereich der Haltungen, welche die Figuren zueinander einnehmen, nennen wir den gestischen Bereich. Körperhaltung, Tonfall und Gesichtsausdruck sind von einem gesellschaftlichen Gestus bestimmt: die Figuren beschimpfen, komplimentieren, belehren einander und so weiter." (GW 16, S. 689–690)

„Jedes Einzelgeschehnis hat einen Grundgestus: Richard Gloster wirbt um die Witwe seines Opfers. Vermittels eines Kreidekreises wird die wahre Kindsmutter ausgefunden. Gott wettet mit dem Teufel um die Seele des Doktor Faust. Woyzeck kauft ein billiges Messer, seine Frau umzubringen und so weiter. Bei der Gruppierung der Figuren auf der Bühne und der Bewegung der Gruppen muß die erforderliche Schönheit hauptsächlich durch die Eleganz gewonnen werden, mit der das gestische Material vorgeführt und dem Einblick des Publikums ausgesetzt wird." (GW 16, S. 693–694)

Die folgende Gegenüberstellung hat Brecht in seine Anmerkungen zur Oper *Aufstieg und Fall der Stadt Mahagonny* aufgenommen (GW 17, S. 1009–1010):

„Dramatische Form des Theaters	Epische Form des Theaters
Die Bühne „verkörpert" einen Vorgang	sie erzählt ihn
Verwickelt den Zuschauer in eine Aktion	macht ihn zum Betrachter, aber
Verbraucht seine Aktivität	weckt seine Aktivität
Ermöglicht ihm Gefühle	erzwingt von ihm Entscheidungen
Vermittelt ihm Erlebnisse	vermittelt ihm Kenntnisse
Der Zuschauer wird in eine Handlung hineinversetzt	er wird ihr gegenübergesetzt

5.2 Zur Theorie des epischen Theaters

Es wird mit Suggestion gearbeitet	es wird mit Argumenten gearbeitet
Die Empfindungen werden konserviert	bis zu Erkenntnissen getrieben
Der Mensch wird als bekannt vorausgesetzt	der Mensch ist Gegenstand der Untersuchung
Der unveränderliche Mensch	der veränderliche und verändernde Mensch
Spannung auf den Ausgang	Spannung auf den Gang
Eine Szene für die andere	jede Szene für sich
Die Geschehnisse verlaufen linear	in Kurven
Natura non facit saltus	facit saltus
die Welt, wie sie ist	die Welt, wie sie wird
was der Mensch soll	was der Mensch muß
seine Triebe	seine Beweggründe
das Denken bestimmt das Sein	das gesellschaftliche Sein bestimmt das Bewußtsein"

5.3 Zur Theodizee

Brecht geht von dem klassischen Problem der Theodizee aus, kommt aber zu einem anderen Ergebnis:
„Der Vorgang zeigt Brechts im Guten Menschen von Sezuan *angewandte Methodik zur Analyse der Welt, die sich selbst vom traditionellen Glauben an die gnädige Allgegenwart eines liebenden Gott her versteht. Er bezieht diesen Glauben an die Liebe Gottes in seine Untersuchung ein und lässt ihn an Shen Te zum Ereignis werden. Die Welt, die in Shen Te paradigmatisch untersucht werden soll, ist eine Welt unter der Gnade der Götter. Das bedeutet für die Untersuchung: Brecht räumt der Welt alle die Vorbedingungen ein, die sie selbst traditionell beansprucht, um sich als Welt darzustellen, die durch die Gewissheit einer in die Welt hineinwirkenden göttlichen Gnade eine gute Welt ist. Dabei erscheint jedoch die Shen Te erwiesene Gnade als Ausnahmefall, als Glücksgeschenk, jedenfalls nicht als die Norm, nicht als Gesetz und nicht als das, worauf der Mensch einen Anspruch hat und womit er in der bestehenden Weltordnung rechnen kann. Dass Shen Te überhaupt die Möglichkeit hat, das Ungewöhnliche zu vollbringen und Gutes zu tun, hat diesen Glücksfall der Gnade zur Voraussetzung: »Mit Entsetzen sehe ich, wieviel Glück nötig ist, damit man nicht unter die Räder kommt!« Das Gute erscheint nicht als Phänomen der Wirklichkeit, wie sie ist, sondern wird von den Göttern in die Welt getragen zur Bestätigung ihrer selbst und zur Legitimation ihrer Welt als einer guten Welt. So wird der Theodizeebeweis nicht erbracht auf der Basis der weltlichen Wirklichkeit und nicht mit Mitteln dieser Wirklichkeit, sondern mit den weltfremden Mitteln eines von außen in die Welt hereingeholten ungewöhnlichen Gnadenerweises. Brechts Kritik richtet sich bei dieser heilsgeschichtlichen Demonstration gegen die abendländisch-christliche Weltinterpretation, die die Gnade Gottes bean-*

5.3 Zur Theodizee

sprucht, um eine an Sünde und Leid verlorene Welt in eine Welt des Heils umzudeuten."[31]

Zur Darstellung der Götter:

"Der theologische Rahmen der Handlung dient eher einer gag-artigen Stilisierung, die die Erwartungen des Publikums auf die Ebene des Komischen schrauben soll, als einem mysterienhaften Spiel; er dient aber sicherlich nicht der Lächerlichmachung einer theologischen Interpretation der Weltordnung oder der Theodizeeproblematik, die Brecht für sich und sein Publikum, als im wissenschaftlichen Zeitalter lebend, für überwunden ansah. Er ist Teil der leichten Muse, der komischen Unterhaltung des Publikums ohne jede didaktische Absicht, fast im Sinne von Aristoteles, der den Wirkzweck der Komödie beschränkt wissen wollte auf das Vergnügen am dargestellten Komischen. Dem antiken komischen Figurenarsenal scheinen auch die Charaktere der drei Götter zu entstammen: Dem alazon, dem ,Aufschneider mit seinem Realitätsverlust, könnte der erste Grott in seine realitätsfernen dogmatischen Haltung entsprechen; dem bomolochos, dem Witzemacher mit seinem realistischen Rollenverhalten, der zweite Gott (vgl. seine pointierten Kommentare zur religiösen Beschränktheit in den Ansichten von Wang und Shen Te (9); schließlich dem eiron, dem Bescheidenen, der dritte Gott in seiner mitmenschlichen Zurückhaltung und Fürsprache. Dass die unfähig-komischen Götter im Guten Menschen von Sezuan *auch in der Tradition der Märchenstücke des Wiener Volkstheaters stehen, hat M. Esslin hervorgehoben."*[32]

---

31 Jendreiek, S. 220 f.
32 Schneidewind, Sowinski, S. 58.

5.4 Zum Status des Stücks

Der Status des Stücks wird aus der Sicht der marxistischen Geschichtsphilosophie betrachtet:
„Und das Komische bei Brecht ist nicht identisch mit dem Darstellungsmittel Komik, das sich auf beliebige Gegenstände heftet, sondern es wird durch seinen gesellschaftlichen Inhalt konstituiert. Brecht spricht im Gegensatz zum »Ewig-Komischen« vom »Gesellschaftlich-Komischen«. Er meint damit in erster Linie die objektiv vorhandene Komik (geschichtliche Überholtheit, Lebendigkeit) der bürgerlichen Gesellschaft, wie sie aus sozialistischer Perspektive sichtbar wird. Das »Gesellschaftlich-Komische« wäre demnach bestimmbar als eine besondere Form des historischen Widerspruchs zwischen alter und neuer Gesellschaft, der vom Standpunkt der letzteren aus bewertet wird. Dieser Widerspruch ist also realiter für den Sozialisten Brecht stets vorgegeben, nur ist er wegen seines Vorhandenseins nicht auch schon als komischer wahrgenommen und muss deshalb akzentuiert, hervorgekehrt werden. Und da gibt es bei Brecht nun bestimmte exempelhafte Motive und Situationen, die in seinen Stücken immer wieder auftauchen."[33]

V. Klotz interpretiert das Problem des offenen Endes des Stücks:
„Das Stück scheinbar ohne Lösung zu lassen, ist ein geschickter Kunstgriff; es erhält so die Dynamik des Fragments. Mit stärkerer Intensität bewirkt es eine Auseinandersetzung des Zuschauers mit den gestellten Problemen, als wenn ihm ein abgerundetes Drama sich darböte. So ruft es sein Unbehagen an der Ergebnislosigkeit wach, stachelt ihn an, das scheinbar Unlösbare zu lösen. Das Fragment entspricht darin der syntaktischen Figur der Ellipse, die nicht

---

33 Giese, S. 224f.

5.4 Zum Status des Stücks

vollendet in sich ruht, sondern dynamisch den Leser oder Hörer auffordert, das fehlende Glied zu ergänzen. Auch sie lässt ihm keine freie Wahl der Ergänzung, sondern impliziert diese schon in der Weise ihrer Formulierung. Das scheinbar schlusslose Ende stellt sich somit wirkungsvoll in den Dienst der lehrhaften Dichtungsform der Parabel.

Soweit die realisierte Absicht Brechts, durch eine Pseudoratlosigkeit seine fertige Antwort zu verschleiern. Doch ist seine marxistisch-optimistische Antwort die restlose Lösung der Probleme? »Eine andre Welt« heißt für ihn eine andere Gesellschaftsordnung. Die dargestellte, bisherige, ist zu ändern. Diese unausgesprochene Antwort ist vom Publikum, dem möglichen deus ex machina, anzunehmen. Dass eine Änderung der bestehenden Gesellschaftsordnung die vorgeführten Verhältnisse verbessern würde, ist schwerlich von der Hand zu weisen. Da Brecht jedoch mit dem Stück samt seiner indirekt angebotenen Lösung wohl kaum offene Türen hat einrennen wollen, musste er mit einem nicht-sozialistischen Publikum rechnen, das nicht ohne weiteres Welt mit Gesellschaftsordnung und Mensch mit Zoon politikon gleichsetzt. Ein solches Publikum wird zweifeln, ob eine Änderung der Verhältnisse das Shen-Te-Dilemma restlos behebe; es wird sich fragen, ob die Alternative »gut sein oder leben« an die kapitalistische Gesellschaftsordnung gebunden ist. Der Unterschied zwischen ihr und anderen könnte vielleicht nur gradueller, nicht qualitativer Art sein. Diese Fragen geben dem Epilog – von Brecht gewollt oder nicht – den Zug einer tatsächlichen Ratlosigkeit. Damit bricht sich die Gebärde der Uneigentlichkeit noch einmal. Der Schein wird wiederum scheinbar. Doppelte Negation entsteht. Die rhetorischen Fragen werden zu echten. Die versteckt angebotene Antwort entpuppt sich als Teillösung. Die Frage nach der Ganzlösung bleibt offen, was freilich von der notwendigen Teillösung nicht dispensiert.«[34]

---

34 Klotz, S. 22 f.

Literaturauswahl

Ausgaben

Brecht, Bertolt: *Der gute Mensch von Sezuan. Parabelstück.* Berlin (Suhrkamp) 1964 u. ö. (= edition suhrkamp 73) *(Nach dieser Ausgabe wird zitiert)*
Brecht, Bertolt: *Gesammelte Werke*, 20 Bde. Frankfurt/Main (Suhrkamp) 1967

Kommentare und Materialien

Hecht, Werner: *Materialien zu Brechts „Der gute Mensch von Sezuan".* Frankfurt am Main (Suhrkamp) 4. Auflage 1971 (=edition suhrkamp)
Kesting, Marianne: *Bertolt Brecht in Selbstzeugnissen und Bilddokumenten.* Reinbek (Rowohlt) 1962 (= Rowohlts Monographien)
Knopf, Jan: *Brecht-Handbuch. Theater. Eine Ästhetik der Widersprüche.* Stuttgart (Metzler) 1980
Völker, Klaus: *Brecht-Kommentar zum dramatischen Werk.* München (Winkler) 1983

Analysen

Brauneck, Manfred (Hrsg.): *Das deutsche Drama vom Expressionismus bis zur Gegenwart.* Bamberg (Buchner) 1970
Bräutigam, Kurt: *Bertolt Brecht „Der gute Mensch von Sezuan".* München 1966 (= Interpretationen zum Deutschunterricht)
Esslin, Martin: *Brecht. Das Paradox des politischen Dichters.* München (Deutscher Taschenbuch Verlag) 1970

Geißler, Rolf: *Bertolt Brecht,* Aus: Geißler, Rolf (Hrsg.): Zur Interpretation des modernen Dramas. Brecht, Dürrenmatt, Frisch. Frankfurt am Main, 6. Auflage 1970. S. 9–66

Geißler, Rolf (Hrsg.): *Zur Interpretation des modernen Dramas. Brecht, Dürrenmatt, Frisch.* Frankfurt am Main, 6. Auflage 1970

Giese, Peter Christian: *Der gute Mensch von Sezuan. Aspekte einer Brecht'schen Komödie.* Aus: Knopf, Jan (Hrsg.): Brechts „Guter Mensch von Sezuan". Frankfurt am Main (Diesterweg) 1982 (= suhrkamp taschenbuch materialien). S. 221–234

Grimm, Reinhold: *Ideologische Tragödie und Tragödie der Ideologie. Versuch über ein Lehrstück von Brecht.* Aus: Schillemeit, Jost (Hrsg.): Deutsche Dramen von Gryphius bis Brecht, Frankfurt am Main (S. Fischer) 1965 (= Interpretationen. 2). S. 309–339

Grimm, Reinhold: *Bertolt Brecht, Der gute Mensch von Sezuan.* Aus: Brauneck, Manfred (Hrsg.): Das deutsche Drama vom Expressionismus bis zur Gegenwart, Bamberg (Buchner) 1970. S. 150–155

Hinderer, Walter (Hrsg.): *Neue Interpretationen.* Stuttgart (Reclam) 1984

Jendreiek, Helmut: *Bertolt Brecht. Drama der Veränderung.* Düsseldorf (Bagel) 1969

Klotz, Volker: *Bertolt Brecht. Versuch über das Werk.* Bad Homburg v. d. H. (Athenäum) 1971

Knopf, Jan (Hrsg.): *Brechts „Guter Mensch von Sezuan".* Frankfurt am Main (Diesterweg) 1982 (= suhrkamp taschenbuch materialien)

Koller, Gerold: *Parabolischer Realismus.* Aus: Knopf, Jan (Hrsg.): Brechts „Guter Mensch von Sezuan", Frankfurt am Main (Diesterweg) 1982 (= suhrkamp taschenbuch materialien), S. 235–267

Rischbieter, Henning: *Bertolt Brecht.* 2 Bde. Velber, 2. Auflage (Friedrich) 1968 (= Friedrichs Dramatiker des Welttheaters. 13 und 14)

Schillemeit, Jost (Hrsg.): *Deutsche Dramen von Gryphius bis Brecht.* Frankfurt am Main (S. Fischer) 1965 (= Interpretationen. 2)

Schneidewind, Wolf-Egmar; Sowinski, Bernhard: *Brecht. Der gute Mensch von Sezuan.* München (Oldenbourg) 1999

Ueding, Gert: *„Der gute Mensch von Sezuan".* Aus: Hinderer, Walter (Hrsg.): Neue Interpretationen, Stuttgart (Reclam) 1984. S. 178–193

White, Alfred D.: Brecht: *„Der gute Mensch von Sezuan".* Glasgow 1990

Schulpraktische Untersuchungen

Brech, Ursula: *Lektürehilfe „Der gute Mensch von Sezuan".* Stuttgart, 7. Auflage (Klett) 1997

Hermes, Eberhard: *Interpretationshilfen Ideal und Wirklichkeit Lessing „Nathan der Weise"; Goethe „Iphigenie auf Tauris"; Brecht „Der gute Mensch von Sezuan".* Stuttgart (Klett) 1999

Knopf, Jan: *Bertolt Brecht, Der gute Mensch von Sezuan.* Frankfurt am Main (Diesterweg) 6. Auflage 1997 (= Grundlagen und Gedanken)

Paintner, Peter: *Erläuterungen zu Bertolt Brecht, Der gute Mensch von Sezuan.* Hollfeld, 6. Auflage (Bange) 1997

Rahner, Thomas: *Bertolt Brecht: Der gute Mensch von Sezuan.* München (Mentor) 1997

Rötzer, Hans Gerd: *Literarische Texte verstehen und interpretieren 4. Goethe: Götz von Berlichingen / Büchner: Woyzeck / Brecht: Der gute Mensch von Sezuan.* München (Manz) 1996

Materialien aus dem Internet
http://www.zakk.de/brecht/links.htm
(100 x Brecht – Linkliste)

http://german.lss.wisc.edu/brecht/
(Website der International Brecht Society, umfangreiches Material in englischer Sprache)

Bitte melden Sie dem Verlag „tote" links!

Verfilmung
Der gute Mensch von Sezuan. BRD (Verfilmung für das Fernsehen, ARD/SDR) 1966.
Regie: Fritz Umgelter.

Wie interpretiere ich ...?

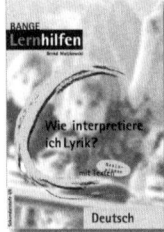

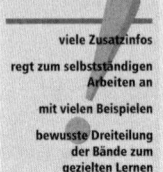

■ Der Bestseller!

Die Herausgeber der Buchreihe „Wie interpretiere ich...?" wollen zur selbstständigen Arbeit mit den im Unterricht behandelten literarischen Gattungen anregen und dazu Hilfestellung geben.

Basiswissen beinhaltet:
- grundlegende Sachinformationen zur Interpretation und Analyse
- Grundlagen zur Erstellung von Interpretationsaufsätzen
- Fragenkatalog mit ausgewählten Beispielen
- Analyseraster

Anleitungen beinhalten:
- Bausteine einer Gedichtinterpretation
- Musterbeispiele
- Selbsterarbeitung anhand praxisorientierter Beispiele

Übungen mit Lösungen beinhalten:
- konkrete, für Klausur und Abitur typische Fragen und Aufgabenstellungen zu unterrichts- und lehrplanbezogenen Texten mit Lösungen
- epochenbezogenes Kompendium

viele Zusatzinfos

regt zum selbstständigen Arbeiten an

mit vielen Beispielen

bewusste Dreiteilung der Bände zum gezielten Lernen

Bernd Matzkowski
Wie interpretiere ich?
Sek. I/II (AHS)   *Basiswissen*
124 Seiten
Best.-Nr. 1417-6   **Euro 10,00 [D]**
10,30 Euro[A] / sFr. 17,60

Bernd Matzkowski
Wie interpretiere ich ein Drama?
Sek. I/II (AHS)   *Basiswissen*
112 Seiten
Best.-Nr. 1419-2   **Euro 10,00 [D]**
10,30 Euro[A] / sFr. 17,60

Bernd Matzkowski
Wie interpretiere ich Novellen und Romane?
Sek. I/II (AHS)   *Basiswissen*
88 Seiten
Best.-Nr. 1414-1   **Euro 10,00 [D]**
10,30 Euro[A] / sFr. 17,60

Bernd Matzkowski
Wie interpretiere ich Kurzgeschichten, Fabeln und Parabeln?
Sek. I/II (AHS)   *Basiswissen*
92 Seiten, mit Texten
Best.-Nr. 1456-7   **Euro 10,00 [D]**
10,30 Euro[A] / sFr. 17,60

Bernd Matzkowski
Wie interpretiere ich Lyrik?
Sek. I/II (AHS)   *Basiswissen*
112 Seiten, mit Texten
Best.-Nr. 1448-6   **Euro 11,70 [D]**
12,10 Euro[A] / sFr. 20,20

Thomas Brand
Wie interpretiere ich Lyrik?
Sek I/II (AHS)   *Anleitung*
205 Seiten, mit Texten
Best.-Nr. 1433-8   **Euro 13,30 [D]**
13,70 Euro[A] / sFr. 23,20

Thomas Möbius   **NEU**
Wie interpretiere ich Lyrik?
Übungen mit Lösungen, Band 1
Mittelalter bis Romantik   ET 5/2003
mit Texten
Best.-Nr. 1460-5   **ca. 11,70 Euro[D]**
12,10 Euro[A] / sFr. 20,20

Thomas Möbius   **NEU**
Wie interpretiere ich Lyrik?
Übungen mit Lösungen, Band 2
19. und 20. Jahrhundert   ET 5/2003
Best.-Nr. 1461-3   **ca. 11,70 Euro[D]**
12,10 Euro[A] / sFr. 20,20

Bange Verlag